錯覚のスポーツ身体学

木寺英史 著

東京堂出版

まえがき

本書を手にしていただいた皆様は、スポーツや武道を実践されている選手でしょうか。または指導者やコーチ・トレーナーですか。それとも、医師・理学療法士または整骨師・整体師のように治療にたずさわる方でしょうか。いずれにせよ、「からだ」や「動作」に興味を持っておられることと思います。

私は、長い間、剣道を実践および研究してきました。そして、剣道に伝わる「教え」は合理的であると信じてきました。日本の伝統的身体文化である剣道には、合理的な「技」や「動作」が伝承されていると考えてきたのです。確かに、剣道には現代スポーツでは語られていない様々な「技」や「動作」が受け継がれています。しかし、同時に、その中に多くの「錯覚」や「誤解」が含まれていることも分かってきました。さらに研究が進むにしたがい、それらの「錯覚」や「誤解」は、剣道だけではなく、他の多くのスポーツや武道にも共通するものであることが分かってきたのです。

一つ例をあげましょう。現代剣道では、構えにおいて、両足のつま先をまっすぐ前に向けることが正しいとされています。つまり、「からだ」が進む方向とつま先の向きが同方向になることが良いとされています。そして、多くの競技でも、同様につま先の向きは、「からだ」を進めたり力を発揮する方向と一致することが合理的であると考えられています。しかし、これは「錯覚」なのです。実際には、つま先や膝が外を向くことによって大きな力が発揮されるのです。相撲の動きを思い出してください。つま先や膝が大きく外を向いています。この動きは相撲独自のものではありません。他のスポーツや武道の基礎となりうる動きなのです。

これらが明確になってきたのは、他分野の方々との情報交換を頻繁に行ったためです。

平成8年（1996）、当時勤務していた福岡県の久留米工業高等専門学校でも、PCでインターネットに接続できるようになりました。そこで、剣道や動作・歩きに関するHPを開設しました。インターネットが普及するにしたがって、徐々に様々な情報が寄せられるようになりました。このことは、地方に在住するものにとって画期的なことでした。研究室に居ながら、世界中の方々と意見交換ができるのです。そのような中で、京都大学人間総合学部の小田伸午先生（現・関西大学人間健康学部教授）、五体治療院（愛知県小牧市）代表の小山田良治氏と知り合い、この10年間、共同研究を続けてきました。また、選手・指導者・コーチ・トレーナー・シューズ開発者・医師・理学療法士・歴史家など、多くの方々から貴重な情報やご意見をいただくことができました。それらのメールは約10年間で2万通を超えています。

このたび、スポーツや武道などで語られている「錯覚」や「誤解」を整理することにいたしました。本書は14章で構成されています。第1章から5章までは、姿勢・骨盤・頭部の位置・からだの左右など、主に「からだ」について取りあげました。第6章から10章までは、走歩行を中心に「動き」について取りあげています。そして、第11章から14章は、感覚やイメージ、拍子というような「不可視的要素（目に見えない主観的な要素）」と武道（剣道）に関する「誤解」や「錯覚」を考察しました。はじめて知る内容に関しては、すぐには理解できないところも多いかもしれませんが、できるだけ、様々なスポーツや武道の「動き」を紹介しながら説明していきます。ご自分の専門種目や分野の内容に置きかえて読み進めていいただければ幸いです。

木寺英史

錯覚のスポーツ身体学　＊もくじ

錯覚のスポーツ身体学

錯覚❶ 「気をつけ」が正しい姿勢？

正しい姿勢とは

「正しい姿勢」というと、皆さんはどのような姿勢をイメージするでしょうか。最も「正しい」とイメージする姿勢をしてみましょう（椅子に腰かけてもけっこうです）。どのような姿勢をとりましたか。おへそあたりを前方に押し出して、あごを手前に引いた方が多いのではないでしょうか。おへそよりももう少し下（脚の付け根あたり）を押し出すようにしたかもしれません。なぜ、このような姿勢を「正しい」とイメージするのでしょうか。

これらの姿勢は、小学校などに入学してから何度も教わった「気をつけ」の姿勢が基礎となっています。私たちは姿勢（立ち方）について錯覚している場合が多いようです。「気をつけ」が「正しい姿勢」であると思っていませんか。学校などで「姿勢を正しなさい」といわれ「気をつけ」の姿勢をとらされた方も多いと思います。そのために「正しい姿勢」とは「気をつけ」であると思い込んでしまったのです。

「気をつけ」の姿勢をもう少し詳しくみていきましょう。まず、両足の踵（かかと）を接して膝（ひざ）を伸ばし、脚の内側に力を入れます。腰（脚の付け根やおへそあたり）を前方に押し出します。両腕は体側にぴったりとつけて腕全体に力が入っています。さらに、あごを引いて頭部全体を後ろに引くようにしています。どうでしょう、股関節や肩甲骨まわりが硬直して、決して動きやすい姿勢とはいえません。「気をつけ」は、軍隊や学校などの集団行動で兵士や生徒を静止させる（動かせない）ために用いられた姿勢です。集団を動かす上官や教師にとっては都合のいい姿勢ですが、「気をつけ」をしている当人にとってはとても動きにくい姿勢なのです。しかし、私たちがスポーツなどをするときには、無意識に「気をつけ」を基礎とする準備姿勢をとっていることが多いのです（写真1-1）。

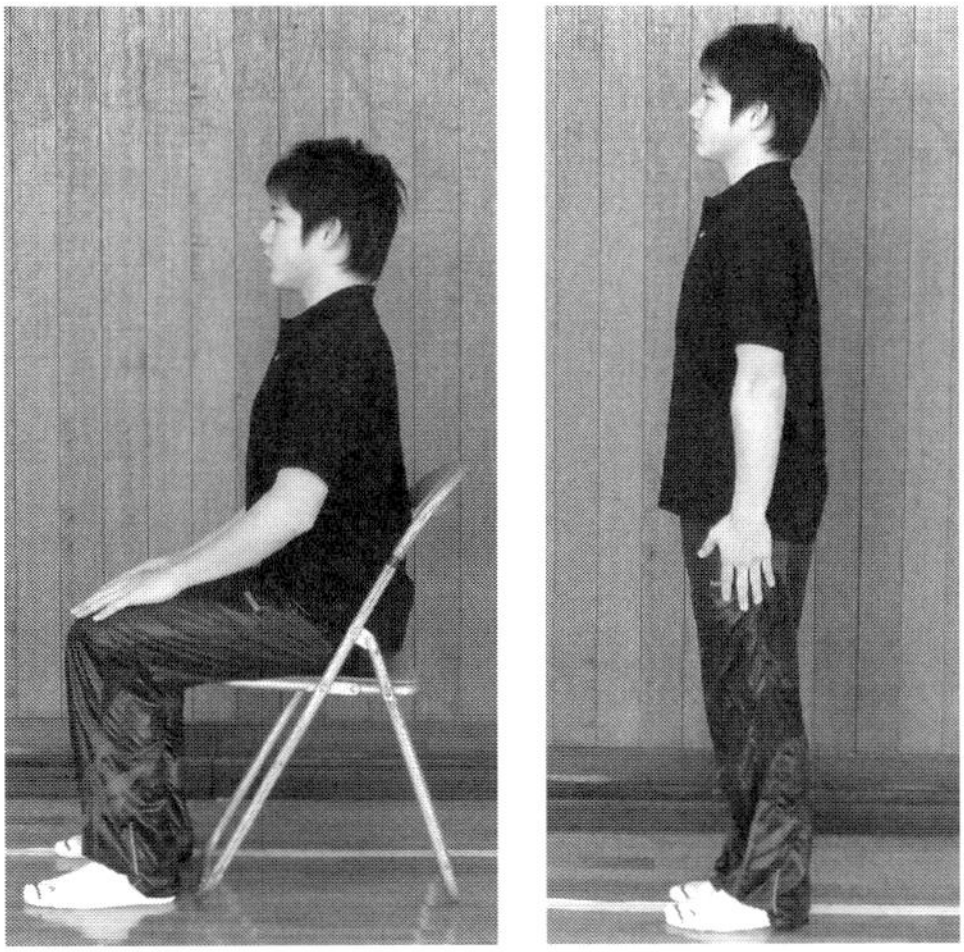

写真1-1　立位、座位によるいいとイメージされる姿勢・・・気をつけの姿勢

それでは、動くために適した姿勢とはどのようなものでしょうか。多少乱暴に言えば、楽に立つことが大切です。足を肩幅よりも少し狭く（骨盤幅程度）開いて立ってみましょう。足先はやや開きます。次に、膝を少し曲げて骨盤を前傾させてみましょう。骨盤の前傾については後に詳しく取り上げますが、お尻が少し後ろに出るようにすると良いでしょう。その骨盤の上に楽に上体を乗せます。腕はだらりと下げて、あごは「気をつけ」のように引くのではなく、少し出す（上げる）ようにします。頭部の位置や胸の張り方などを調節

して最も楽に立てるポジションを見つけましょう。横から見たときに頭頂・肩の真ん中（肩峰）・大転子（大腿骨上部の出っぱった部分、股関節の位置）が垂直に並ぶと理想的です。そして、最も重要なのは重心の位置です。足底の拇指球付近（親指の手前あたり）に圧力がかかっていないでしょうか。拇指球付近ではなく足底の踵と小指側（アウトエッジ）に足圧を感じるように立ってみましょう。拇指球あたりに体重を乗せておくと素早く動けそうですが、これも「錯覚」です。足裏全体をうまく使うためには、拇指球よりも後方に足圧がかかっていることが大切なのです（写真1-2）。

写真1-2　スポーツなどに適した姿勢

実は、このような立ち方は、昔の日本人の立ち方なのです。日本で一般市民が靴を履くようになったのは明治の終わりごろです。それまでは、草履（ぞうり）や草鞋（わらじ）などを履いていました。踵がしっかりと地面についた立ち方をしていたのです。しかし、現代人は踵が高い靴を履いて生活することが多くなっているため、拇指球あたりに体重を乗せる人が多いのです。履物とからだの動きの関係については、他の章でも詳しく取り上げます。

さて、「気をつけ」の姿勢に話をもどしましょう。「気をつけ」は動きにくい姿勢であると言いましたが、本来の「気をつけ」は違うらしいのです。戦前の軍事教科書である『歩兵操典』には、「気をつけ」は図1-1に示すように「不動の姿勢」として「両踵を一線上に揃えて着け、両足は約60度に開きて斉（ひと）しく外に向け、両膝は凝らずして伸ばし、上体を正しく腰の上に落ち着け、背を伸ばし少しく前に傾け、両肩を稍々（やや）後ろに引き一様に下げ」と紹介されています。現在の「気をつけ」とは異なり、膝にわずかに余裕をもたせ、上体を多少前傾させた動くために適した姿勢であったようです。「不動の姿勢」とは、「動かざる姿勢」（いつでも動き出せる姿勢）であって「動けざる姿勢」ではなかったのです。

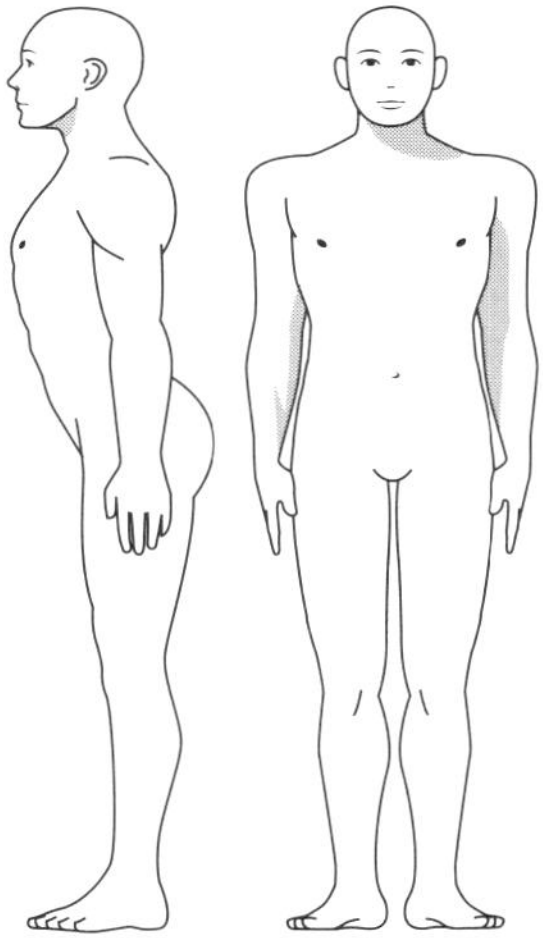
図1-1　気をつけ＝不動の姿勢次の命令を待つ気構えの姿勢

骨盤の傾き

動くための姿勢の概略をご理解いただいたところで、次に「骨盤の傾き」を取り上げてみます。

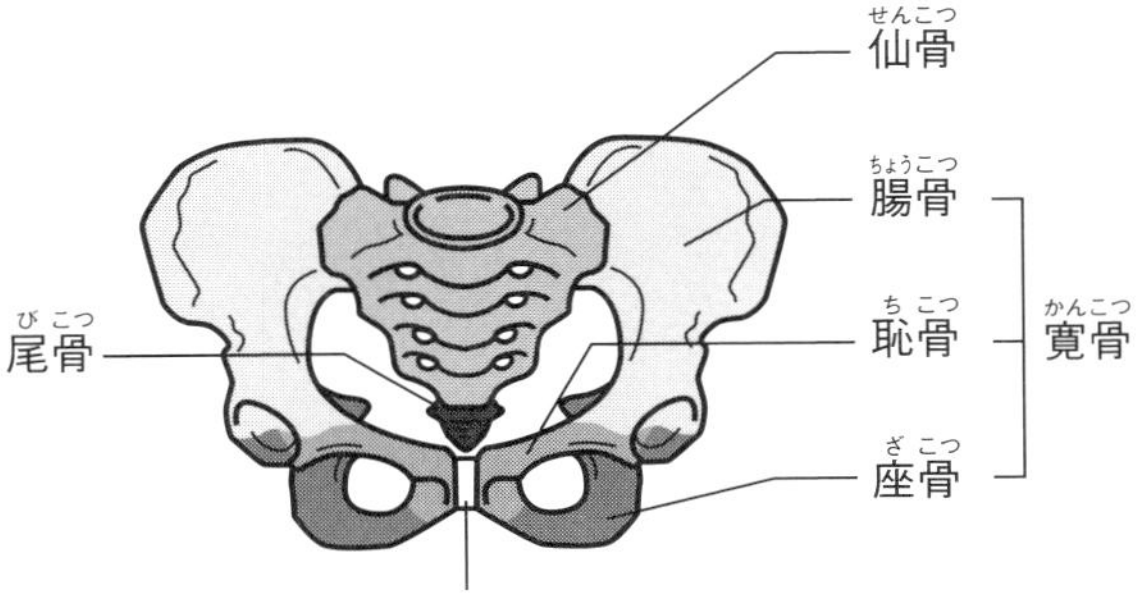

図1-2　骨盤

近ごろ、「骨盤の前傾」ということをよく耳にします。そして、スポーツなどの上達には「骨盤の前傾」が大切であると言われるようになりました。まず、骨盤について理解しましょう。

ご存知のように、骨盤とは腰の骨のことです。図1-2をご覧ください。骨盤は一つの骨で構成されているのではありません。脊椎の土台となる「仙骨《せんこつ》」と左右にある「寛骨《かんこつ》」からできています。「寛骨」は腸骨・恥骨・座骨からできています。また、腸骨と仙骨の結合部を「仙腸関節」といいますが、最近では「仙腸関節」はわずかに動く（可動域がある）ことが確認されています。

さて、骨盤を人体の側方から（矢状《しじょう》面で）見たときの傾きを「骨盤の傾き」といいます。

写真1-3をみてください。右は骨盤を前傾させています。左は後傾です。皆さんは、日ごろ、どの程度の骨盤角度で立っているでしょう。日本人は骨盤が後傾しやすいと言われています。左のように骨盤を後傾させている人が多いのです。日本人の骨盤が後傾しているのは、生活習慣と大いに関係があると考えられます。床や畳の上で生活してきたこと、また、労働環境とも無縁ではないでしょう。一方、欧米人や黒人は骨盤を前傾させています。とくに黒人の骨盤前傾は顕著です。以前、

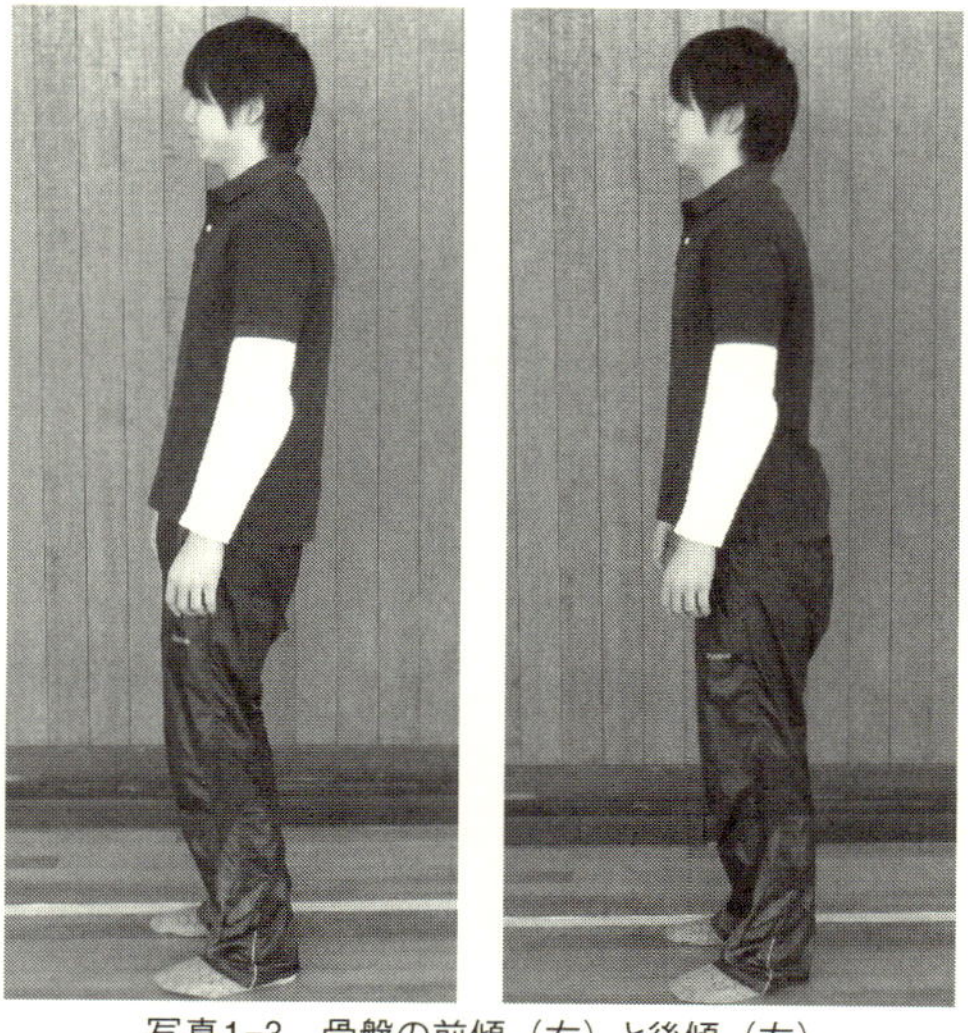

写真1-3　骨盤の前傾（右）と後傾（左）

カメルーンからの留学生に腰を触らせてもらったことがあります。皆さんも機会がありましたら、黒人の方の骨盤に触れてみてください。見事な前傾をしています。彼にお願いして側方からの姿勢を撮影させてもらいました（写真1-4）。

最近、日本人の骨盤が後傾していることについては、多くのスポーツ関係者も指摘するようになりました。陸上競技では、骨盤を前傾させることが速く走るための条件であるとも言われるようになりました。骨盤が前傾していると重心が前方に移動しやすいのです。上体（体幹）が前傾しやすいとも言えます。走競技のようにからだを常に前進させる動きでは、骨盤の前傾は大きな威力を発揮します。一方、日本の伝統的な身体操作は、からだを後方に移動させます。剣術の刀法や柔道の投げ技などは、原則として重心を後方に移動させます。大工さんの鋸（のこぎり）や鉋（かんな）の動作を思い出してください。からだを後方に引き込んでいます。日本人の骨盤が後傾していることが、これらの動作を生んだと考えられます。欧米では鋸も鉋も前方に押すのです。日本人の骨格は、からだを前進させるには不向きだといえそうです。そこで、日本人がスポーツをするときには、骨盤の角度を工夫する必要があります。いくつか例を挙げてみましょう。

まず、ゴルフのスイングを取り上げてみます（写真1-5）。私たちと共同研究を進めている浜田節夫プロ（2010年、PGAティーチングプロ選手権シニアの部優勝）は、日本人が外国人ゴル

写真1-4　カメルーンからの留学生

日本人ゴルファーは左のように上体がはやく起き上がる傾向にある
写真1－5　ゴルフスイング・上体の傾き

ファーのスイングを真似ると骨盤が後傾しているために、上体がはやく起き上がると指摘しています。

とくにスイング中に頭部を動かさないように意識すると、日本人はインパクト前から上体が起き上がってしまいます。浜田プロは、日本人が理想的なスイングを習得するためには、頭部を静止させるのではなく、逆に前方（ボールが飛行する方向）に頭を動かす意識を持つことによって、骨盤の前傾が保たれた理想的なスイングが出現すると語っています。

また、サッカーのキック動作にも骨盤の傾きが影響しています。セットプレー（フリーキックなど）では、多少見方が異なりますが、動きの中でキック（ボールタッチ）するときの体幹（上体）の角度を観察してみてください。日本では、キック時に体幹（上体）が後方に傾く選手が多く見られます（写真1－6）。走りでは骨盤が前傾していても、キック動作に入ると骨盤が後傾して胸が斜め上を向く傾向にあります。胸が斜め上を向くとキック時にからだが停止してしまうため、その後の動作が遅れてしまいます。しかし、欧州や南米の選手には体幹（上体）の角度を変えることなくキックする動作が多くみられます。まさしく、走りの中にキックがあります。日本人でも、トップレベルに近づいた選手ほど体幹（上体）が前傾したままキックします（写真1-7）。

写真1-6　骨盤後傾のキック

写真1-7　骨盤前傾のキック

私たちはよく「腰から動け」という教えを聞きます。スポーツの指導現場でよく使われている表現です。しかし、日本人の身体特性上、「腰から動く」感覚が強すぎると、骨盤とともに体幹（上体）が後傾してしまい前進にブレーキがかかることがあるようです。「腰から動く」意識よりも、常におへそよりも胸が前に位置するイメージをもつほうがいいのかもしれません。

皆さんもご自分の専門種目に置きかえて、骨盤角度と動きの関係を検討してみてください。改善の余地が見えてきます。そして、骨盤の前傾を習得するためには、日常生活での姿勢を意識しましょう。立位・座位で骨盤の前傾を保つように心がけたいものです。

骨盤が後傾しない選手

日本人の骨盤は後傾しやすいと述べましたが、骨盤角度には個人差があります。自分の骨盤がどのような傾向にあるのか知っておくといいと思います。実際に試してみましょう。正座をしてください。そして、骨盤を前傾させたり後傾させたりしてみてください。骨盤の角度は、胸の開閉（位置）によってつくり出されます。胸を開いて前方に押し出すと骨盤は前傾します。反対に、胸を閉じると骨盤は後傾します。そして、骨盤を最も後傾させた姿勢を側方から鏡でみたり、または写真を撮ってもらってみましょう。

写真1-8　筆者の骨盤後傾

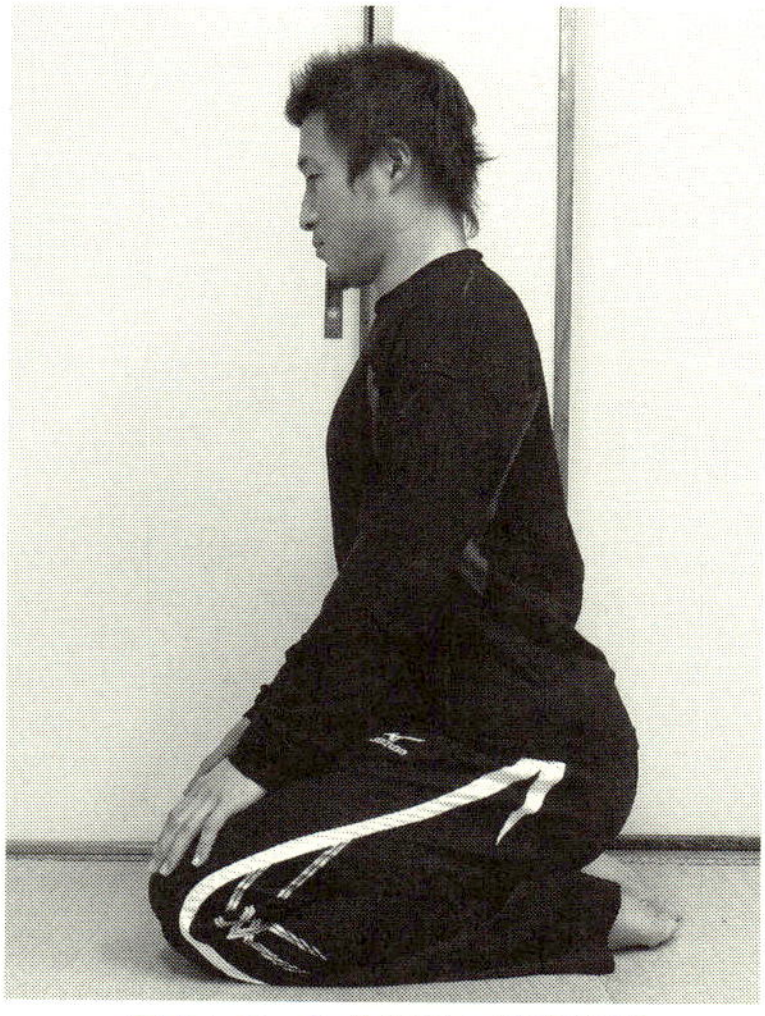
写真1-9　永井選手の骨盤後傾

写真1-8は、私の骨盤後傾の写真です。前傾よりも後傾しやすい典型的な日本人のからだをしています。多くの方が私と同様な傾向にあると思います。しかし、スポーツなどで高いパフォーマンスを発揮している選手のなかには、骨盤が後傾しない（しにくい）選手がいます。先日、北京オリンピックの自転車競技（男子ケイリン）で銅メダルを獲得した永井清史選手にお会いする機会がありました。骨盤の話になり、彼に正座して骨盤の前傾・後傾をしてもらいました。写真1-9をご覧ください。彼はほとんど骨盤が後傾しません。正座をして胸を閉じても骨盤は前傾したままなのです。

競輪の選手は、ハンドルにどのような力をかけると思いますか。ハンドルは引くでしょうか、押すでしょうか。競輪のトップ選手らはハンドルを押すのです。決して引くことをしません。つまり、からだ全体を使って自転車に前方向の力を伝えます。そのためには、骨盤が前傾することが非常に有利な条件となります。

さて、このように説明すると、できるだけ骨盤が前傾していればいいと理解されがちですが、骨盤の角度についてはもう少し注意が必要です。骨盤が前傾していると、からだを前進させるには有利ですが、逆にからだを静止させたり、方向転換をするには不都合な場合があるのです。骨盤の前傾が陸上競技でよく話題になるのですが、それは陸上競技（走競技）がからだを常に前進させる連続動作であるからです。理想的な骨盤の角度は、個人や専門の種目によって異なります。このことを忘れないでください。武道や武術などでは、骨盤を前傾させるとは言わずに「腰を立てる」という表現をします。骨盤を垂直に立てるイメージです。それによって、前後左右、さまざまな方向に動く姿勢が保たれます。専門種目の動作特性を十分検討して骨盤角度を工夫してみましょう。

姿勢について、「気をつけ」や骨盤の角度についてみてきました。「気をつけ」の姿勢を正しいと感じることが「錯覚」や「誤解」であるとすることに違和感を持たれた方もおられるでしょう。確かに、「気をつけ」は学校の集団訓練などでは「正しい姿勢」と考えられています。しかし、スポーツなどの準備姿勢にも「気をつけ」が適していると「錯覚」している方も多いようです。無意識のうちに、準備姿勢に「気をつけ」の姿勢を取り入れているかもしれません。もう一度、私たちの姿勢を見直したいものです。

錯覚❷ コーナー走では頭部を内側に倒す？

鼻筋直にする

姿勢について骨盤の角度を取り上げてきました。次に頭部の傾きについて考えてみましょう。

私たちは、日常の姿勢で頭部をどのように保っているでしょうか。また、動きの中での頭部はどうでしょう。これまでのスポーツ界では、頭部の傾きについてはほとんど語られてきませんでした。例えば、陸上競技のトラックでコーナーを走っているとイメージしてみましょう。頭部をどのように傾けますか。コーナーを速く走るためには頭部を内側に倒す方がいいと思われるかもしれません。しかし、これも「錯覚」です。

スポーツではほとんど語られることがない頭部の位置や傾きについても、武道や武術ではその教えが伝えられています。宮本武蔵という剣術家をご存知だと思います（写真2-1）。江戸の初めのころの剣豪で、六十数度の仕合に一度も敗れなかったと言われています。武蔵は亡くなる直前に『五輪書』を著していますが、彼はその中で次のように述べています。

身のかかり、顔はうつむかず、あをのかず、かたむかず、ひずまず、目をみださず、額にしわをよせず、眉あひにしわをよせて、目の玉のうごかざる様にして、またたきをせぬやうに思ひて、目を少しすくめる様にして、うらやかにみゆる顔。鼻筋直にして、少おとがひを出す心也。

「身のかかり」とは「構え」や「姿勢」のことです。また「かかり」には「とっかかり」というように入口という意味もあり、武蔵は剣術の入口（入門）として「構え」や「姿勢」について述べているともいえるでしょう。原文ではわかりにくいので訳してみます。

写真2-1　宮本武蔵の自画像
（島田美術館所蔵）

身のかかり（構え・姿勢）は、顔は、うつむかず、仰向かず、傾かず、歪ませない。
目を剥くような目つきはせず、額に皺（しわ）を寄せず、眉の間に皺を寄せて、目の玉が動かないようにして、瞬きをせず、目を少し細めるようにして、のどかな感じのする顔。
鼻すじはまっ直ぐにして、頤《おとがい》については、少し（前に）出す感じである。

武蔵は姿勢についての説明の冒頭で「顔」つまり「頭部」について述べています。頭部の位置や傾きを重要視していたことがうかがえます。頭部はからだのなかで最も重い部分です。私たちはその頭部を最も地面から高い位置に保持しています。頭部の位置や傾きによって重心位置が著しく変化します。

武蔵は頭部ついて、「うつむかず、あをのかず、かたむかず」と述べ、さらに「鼻筋直にして」と表現しています。頭部を垂直に保つことの重要性を説いているのです。さらに調べてみますと、太極拳や中国武術では「二目平視《にもくへいし》」という教えが伝承されています。左右の目を水平に保つことを言った教えですが、武蔵のいう「鼻筋直にして」と同様の内容だと思われます。しかし、日本の伝統的武道（武術）では「両目を水平に保つ」という教えは聞かれません。日本人は縦（垂直）方向、中国人は横（水平）方向の身体感覚が強いと言えるのかもしれません。

さて、頭部を左右に傾けないことは、スポーツなどにおいても重要な身体操作となっています。例えば、バイク（二輪車）に乗っているとイメージしてみましょう。実際にバイク（二輪車）を運転される方もおられると思います。コーナーを走っていると想像してください。バイクが倒れるとともにからだも傾きます。しかし、トップライダーはからだが倒れても頭部を垂直に保ちます。写

写真2-2　和歌山利宏氏のコーナーリング

真2-2は、鈴鹿8時間耐久ロードレースで4位入賞（82年）を果たすなど活躍し、現在では日本を代表するモーターサイクルジャーナリストである和歌山利宏氏のコーナーリングです。見事に頭部が垂直に保たれています。

自転車競技でも同様です。写真2-3は「骨盤が後傾しない選手」としてすでに紹介した北京オリ

写真2-3　永井清史選手のコーナーリング

写真2-4　小山田良治氏（五体治療院代表）によるスローイング動作

ンピック銅メダリストの永井清史選手です。競輪競技ではバンクが傾いていますので平地に比べて自転車も深く傾くことになります。それでも、頭部はほぼ垂直に保たれています。

陸上競技のコーナー走も同様です。男子100メートルの世界記録保持者ボルト選手のコーナーリングも頭部を垂直に保つことで知られています。彼が本来200メートルを得意としている一因は、頭部の傾きにあるのかもしれません。

また、野球などのスローイング動作も同様です(写真2-4)。頭部を垂直に保つと安定したスローイングが実現します。

頤(おとがい)を出す

「鼻筋を直にする」や「二目平視」の教えを聞くと、頭部を完全に垂直に保つと理解する方が多いと思います。しかし、頭部の位置や傾きにはもう少し工夫が必要です。

次頁のイチロー選手のイラスト図2-1を見てください。バッターボックスでバットを立てるおなじみの姿です。頭部の傾きに注目してください。頭部は垂直に保たれているでしょうか。垂直ではなく、すこし後方に傾き、あごが少し出ているように見えます。

武蔵の教えをもう一度みてみましょう。武蔵は、「頤(おとがい)を出す」ことを言っています。頤とはあごのことです。武蔵の教えとイチロー選手の頭部の保ち方は一致しています。この頭部の保持を真似てみてください。あごを上げた方が多いのではないでしょうか。この方法にはコツがあります。あごを上げるイメージではなく出してみてください。武蔵は、「頤を少し出せ」としていますが、同時に文頭で「あおのかず」つまり、仰向くのではないと述べています。あごを上げるのではなく、頭部全体をすこし前に出すようにするのです。18ページの武蔵の自画像（写真2-1）を見ると、頭部全体が前に出ていることがみてとれます。この頭部の保持によって、肩甲骨周辺の筋群が緩んでとても動きやすくなります。そして、同時にあごを出しますから頭部が多少後ろに傾きます。

図2-1　イチロー選手

このことによって眼球周辺の筋群が緩み、最も動体視力が発揮される状態になります。

歯学の一領域で、かみ合わせについての研究分野である咬合学（こうごうがく）では、基準面として「フランクフルト平面」と「カンペル平面」があります（図2-2）。

「フランクフルト平面」とは、外耳道の上縁と眼窩下孔の下縁を結んだ線です。耳穴と目の下を結んだ線（平面）と理解してください。この「フランクフルト平面」は一般的に立位姿勢で地面と水平になる平面です。一方、「カンペル平面」は鼻耳導線ともいい、鼻下点から耳珠点を結んだ線です。耳珠点とは外耳道の顔側にあるでっぱりですが、耳穴と鼻穴の下を結んだ平面と理解していいと思います。このカンペル平面は咬合面（かみ合わせの面）と平行であるとされています。スポーツなどでの頭部の保持は、「フランクフルト平面」ではなく「カンペル平面」が地面と平行になるように

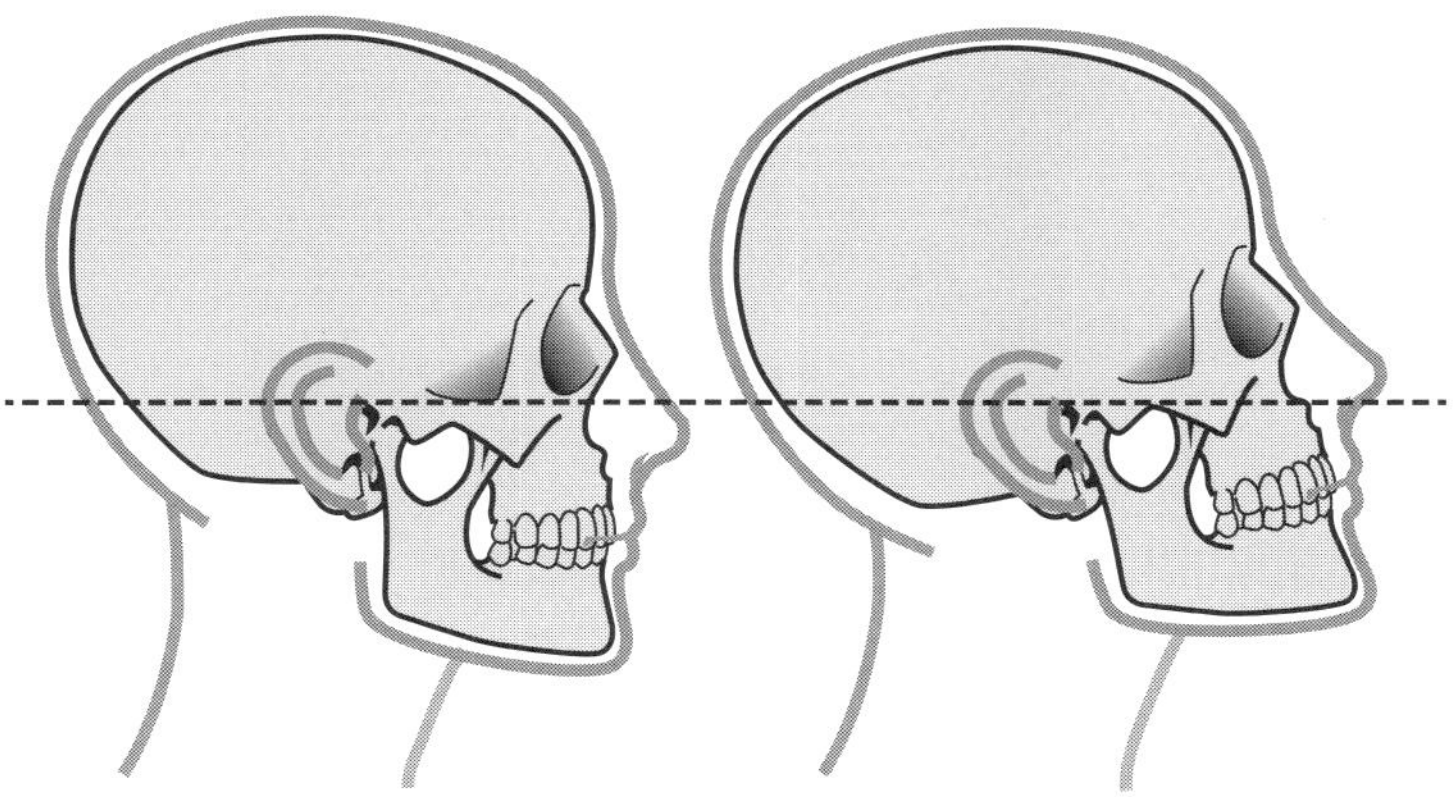

図2-2　フランクフルト平面とカンペル平面

するといいようです。

さて、私たちは「カンペル平面」による頭部の保持が苦手です。日本人は骨盤が後傾する傾向にあると述べましたが、骨盤が後傾すると、胸が閉じてあごを引き、うつむく傾向があります。さらに、私たちはあごを出す、または上げる状態をよくない姿勢であるとイメージしています。また、からだの一部を使って、からだの状態や感情・気持ちなどを表現することがあります。例えば「頭がきれる」・「肩を落とす」・「腹がたつ」などです。これらを「からだ言葉」といいます。「あごを出す（上がる・上げる）」という表現も「からだ言葉」ですが、日本では「あごを出す（上がる・上げる）」とは、「あきらめる」とか「仕事を途中で投げ出す」または「疲れた」状態を表します。マラソン競技などで疲れがみえた選手に、アナウンサーが「あごが上がってきました」などと表現します。

しかし、英語では逆の意味になるようです。英語で「Keep your chin up！（あごを上げろ、出せ）」は、「しっかりせよ」とか「仕事にとりかかれ」・「がんばれ」という意味になります。「あごを出す」という「からだ言葉」が、東西ではほぼ逆の意味になるのです。知り合いに、米軍の海兵隊員がいます。海兵隊の「アテンション＝気をつけ」の姿勢は、「あごをすこし出して、お尻を後ろに引け」と指導するらしいのです。日本の「気をつけ」は、「あごを引け」といいます。「あごを引く」日本文化と「あごを出す（上げる）」西欧文化、非常に興味深いと思います。

さて、あごを出すということを述べてきましたが、もうひとつあごを出すことについて知っておきたいことがあります。スポーツのトップ選手の顔を拝見すると、下あごが大きく見える選手が多いことに気づきます。実は、あごを出すことに関して、これまで述べてきた頭部全体を出すだけではなく、下あごを前にスライドさせる操作もあるのです。実験をしてみましょう。割り箸を用意してください。まず、何もせずに立位体前屈をしてみます。床と手の距離を覚えておいてください。次に、割り箸をくわえてください。強くかむのではなく、落ちない程度にくわえます。そしてもう一度、前屈をしてみてください（写真2-5）。

いかがでしょうか、柔軟度が増すと思います。割り箸をくわえると、下あごが前方にスライドし、気道が開くと同時に肩甲骨周辺の操作性が高まります。肩甲骨周辺の緩みは全身の柔軟性に影響します。スポーツなどで動きがかたいといわれる方々は、ぜひ頭部の保持とともに、下あごをスライドさせてみてください。志村けんさんの「あい〜ん」の要領です。それほど極端ではないにしても、下あごを少し出してみましょう。高いパフォーマンスが発揮されるかもしれません

これまで頭部の位置や傾き、または下あごの位

割り箸をくわえる

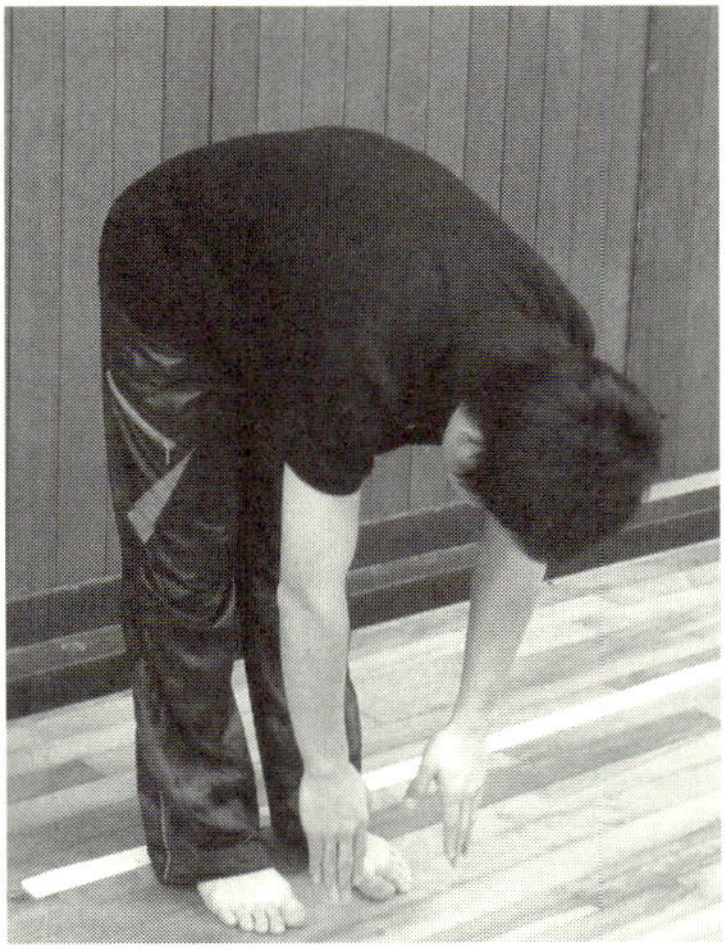

割り箸をくわえない

写真2-5　割り箸をくわえて立位体前屈をすると柔軟性が増す

置についてあまり気にかけてこなかった方々も多いのではないでしょうか。頭部には三半規管と前庭があります。これらは空間認識能力と大きな関わりがあると思われます。頭部を適正な位置に保つことができると、空間認識能力が高まります。グラウンドやコート内での自分の客観的位置や、相手やボールとの距離を即座に判断することができるようになります。

さて、頭部の傾きや保持についてみてきました。コーナー走などで、頭部を傾けた方が速いと「錯覚」されていた方も多いのではないでしょうか。そうではなく「鼻筋直にして」や「二目平視」で学んだように、からだが傾いても頭部は可能な限り垂直に保つことが大切なのです。さらに、あごを前方へ移動させるように、頭部全体を押し出すようにしてみましょう。姿勢や動きの中で、頭部の位置を適切に保持することを学びましょう。

錯覚③ 外股は力がにげる？

外旋立ち

姿勢について主に骨盤と頭部についてみてきました。ここでは、足先の向きについて取り上げます。自然に立ってください。つま先の方向を確認してください。ほぼ真っすぐ前を向いていますか、内に向いていますか、それとも外でしょうか。また、スポーツや武道（武術）をされている方は、構えや準備姿勢で足先の向きはどのようになっているでしょうか。足先と同時に膝の向きも確認してみましょう。バレーボールのレシーブ（写真3-1）やゴルフのアドレス（写真3-2）など、さまざまなスポーツで膝を絞っている準備姿勢をみかけることができます。足先や膝頭が外を向くことは良い構えや準備姿勢にはつながらないと感じている方が多いかもしれません。

足先や膝頭の向きは何を意味し、また、スポー

写真3-1　バレーボールの構え・準備姿勢

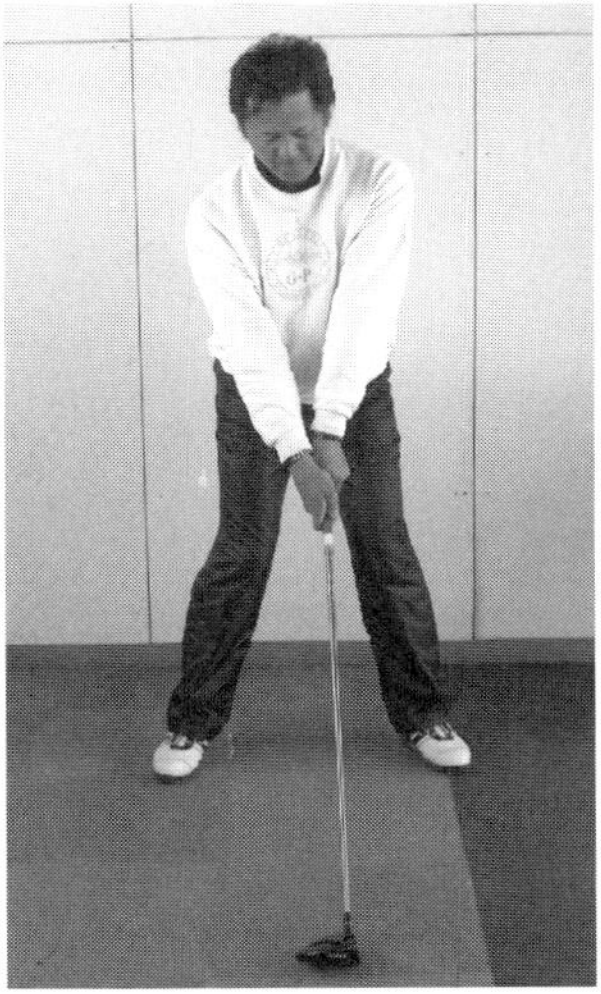

写真3-2　ゴルフの構え・準備姿勢

ツなどの動作にどのように影響するでしょうか。人によっては、立位姿勢などで足先より膝が内側に入る場合がありますが、ほぼ足先の向きは膝頭の向きと考えていいでしょう。そして、膝頭の向きで股関節の外旋状態がわかります。

まず、股関節について確認しておきましょう。図3-1をご覧ください。股関節は寛骨にあるくぼみ（寛骨臼）と大腿骨頭とによってつくられる球関節です。図をご覧になれば一目瞭然ですが、大腿骨頭は真下から骨盤に連結しているのではなく、やや斜め後方から横向きに連結しています。そして、球関節ですからさまざまな方向に可動します（図3-2）。

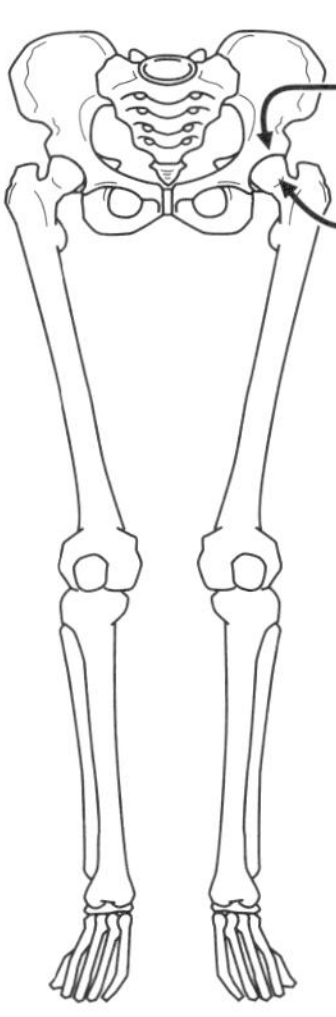

図3-1　股関節

脚を前後に振るときの動きを「屈曲・伸展」といいます。膝頭を外に向けたり内に向ける動きが「外旋・内旋」、脚が中心から離れたり近づいたりする動きが「外転・内転」です。

立ったときの足先や膝頭の向きは「外旋・内旋」と関係しています。足先・膝頭が外を向いているほど股関節が外旋していることを意味します。股関節が外旋している状態を「外旋位」、内旋してい

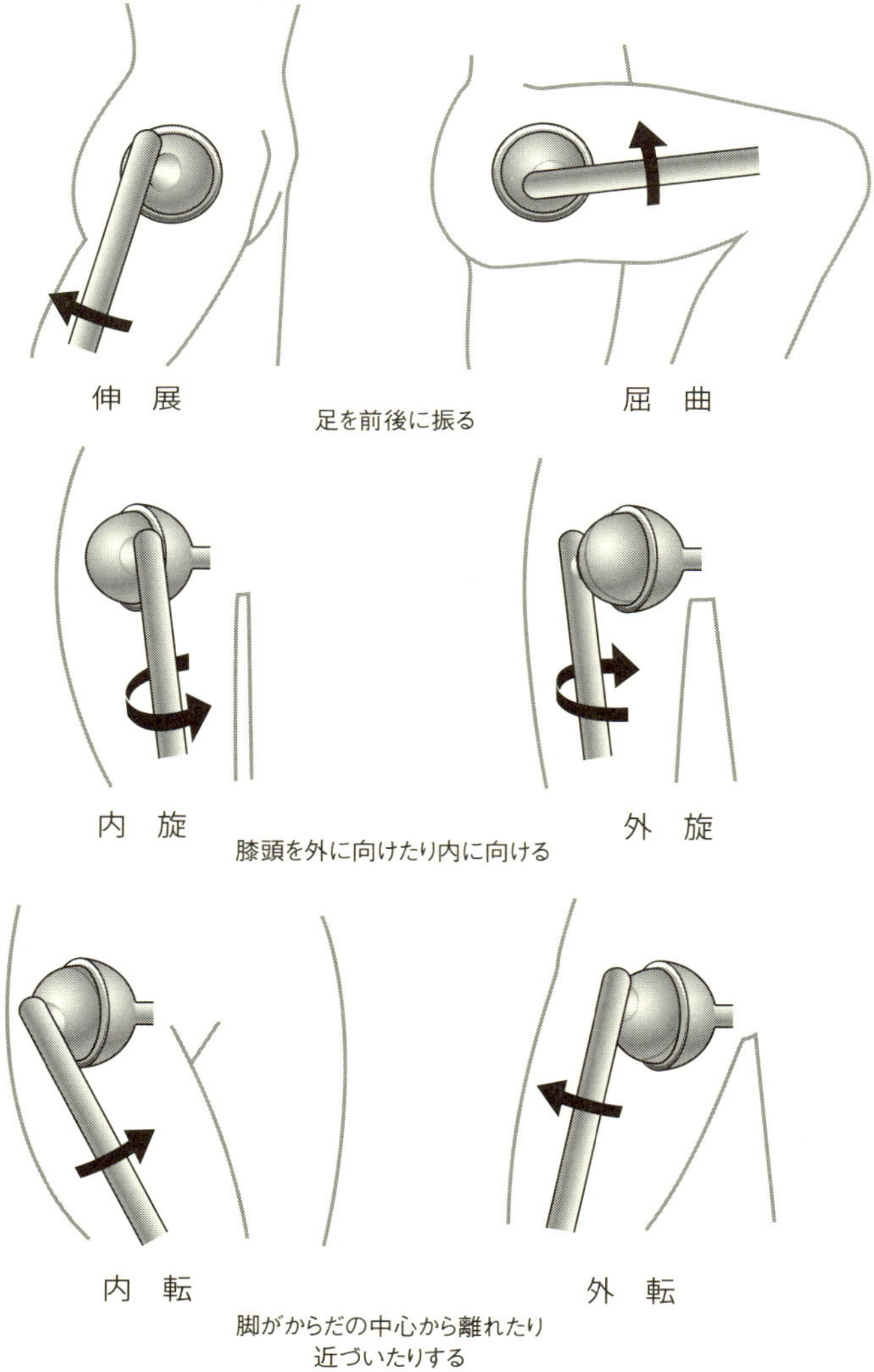

図3-2　股関節の動き、屈曲・伸展・外旋・内旋・外転・内転

る状態を「内旋位」といいます。そして、股関節（大腿骨）が外に回旋する力がかかっていることを「外旋」、逆を「内旋」といいます。「外旋位」と「外旋」は厳密には違います。このことを混同しないようにしましょう。例えば、できるだけ両足先を内側に向けて立ってみてください。そして、膝を伸ばしてみてください。このときの股関節は「内旋位」ですが「外旋」の力がかかっています。

　例えば空手に「三戦《さんちん》立ち」という立ち方があります。「三戦立ち」は、つま先と膝頭は内に向いた「内旋位」ですが、股関節には「外旋」の力がかかっています。「外旋力」と骨盤（腰）の角度を習得できる立ち方です（写真3-3）。「外旋位」と「外旋」、「内旋位」と「内旋」の違いが明確になると股関節の働きがより理解できます。

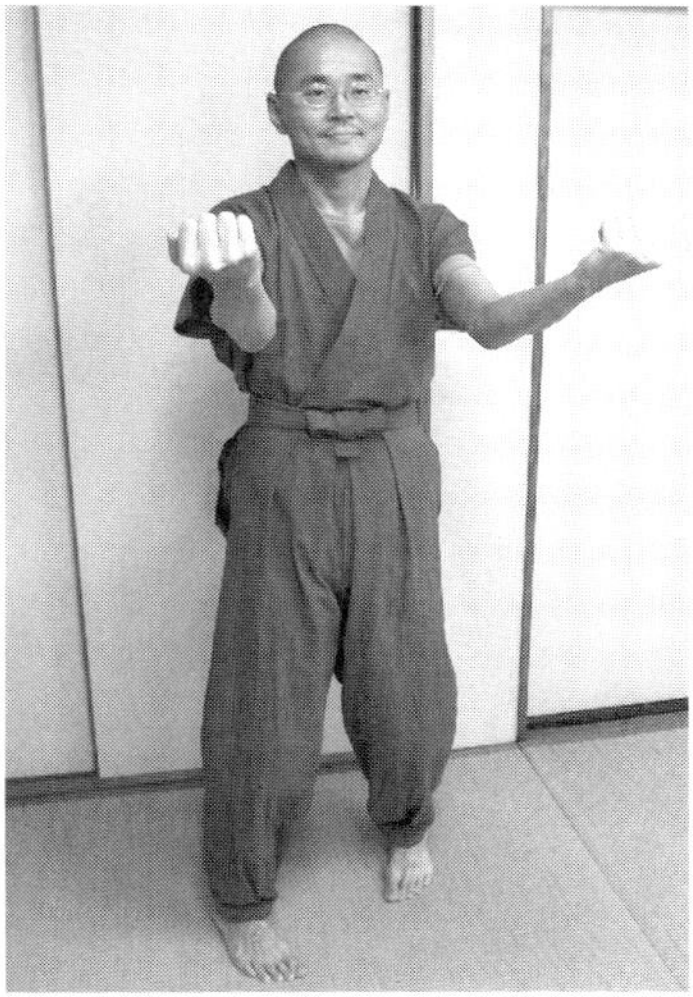
写真3-3　三戦立ち

　それでは、立位や準備姿勢で、股関節はどのような状態がいいのでしょうか。動く方向によっても異なりますが、原則として股関節は「外旋位」にあることが大切です。股関節の「外旋」と「内旋」では、どちらが力が出るでしょうか。足先を内に入れながら（膝を内側に絞って）「内旋」で動いたほうが力が出るとイメージしている方々も多いかもしれません。しかし、実際には「内旋」よりも「外旋」のほうがはるかに力が発揮されるのです。股関節を外旋させる筋群を外旋筋（梨状筋・内閉鎖筋・上双子筋・下双子筋・大腿方形筋・外閉鎖筋）といいます。股関節の屈曲角度に

写真3-4　相撲の「腰割り」（写真提供：NPO法人京都相撲ネットワーク代表　田中伸明氏）

よってそれぞれの筋肉の働きは異なりますが、これらの筋肉は直接外旋に働きます。しかし、内旋に直接働く筋肉はありません。そして、外旋力は内旋力に比して約3倍強いといわれています。股関節を内旋させる傾向がある方は、ご自分の立位姿勢や準備姿勢を見直してみましょう。

股関節の外旋力を発揮する身体操作法は、元来日本人の伝統的なからだ使いでした。例えば、相撲に伝わる「四股《しこ》」「股割り」「腰割り」は外旋力を強化するトレーニング法です（写真3-4）。そして相手を押す場合でも、股関節の「外旋位」から外旋力を十分に発揮しています。

また、剣道でも昔の剣術は現在のような構えではありません。現在の剣道では、構えで右足と左足は平行にまっすぐ相手に向けるように習います（写真3-5）。しかし、古流ではそのような構えはありません。相撲の四股のように股関節を外旋させています（写真3-6）。

写真3-5　現代剣道の構え

さらに、昔の日本人は日常生活でも現代人に比して股関節を外旋位に保っていたようです。写真3-7をご覧ください。江戸末期の武士の写真です。3人とも見事な「外旋位」です。左右の足先はほぼ90度開いています。現在、このような立ち方をする日本人はほとんど見られなくなりました。

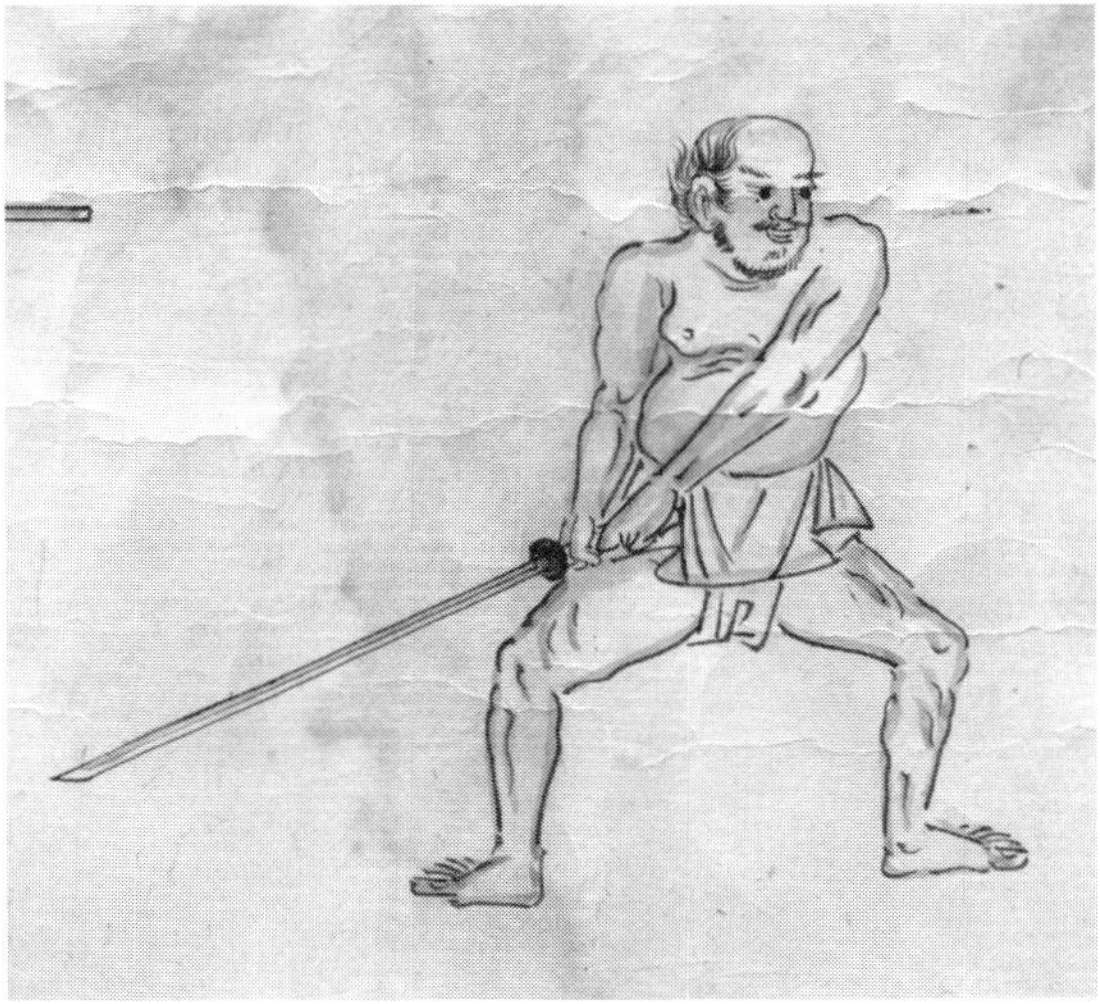

写真3-6　當田流の構え（小山秀弘氏所蔵）

このように股関節を「外旋位」に保つ立ち方を「外旋立ち」といいます。力が外ににげるようなイメージがありますが、とても合理的な立ち方なのです。

写真3-7　武士の立ち方（横浜開港資料館所蔵）

踵（かかと）文化

「外旋立ち」についてもう少しみていきましょう。ここで、ひとつ質問をします。「股関節」とはどこでしょう、指で差してください。どこを指しましたか。講習や講演会でこのように質問すると、ほとんどの方がからだの前面の「股間」の横あたりを指差します。「そこは、股関節ではありません」というと皆さん驚かれます。「股関節」を英語で言うと「hip joint」、直訳すると「尻関節」です。多くの方がイメージしているよりも、股関節は後方にあります。よくスポーツの準備姿勢などで「股関節に乗る」と言います。多くの方は、からだの前面の脚の付け根あたりに力感を感じるように体重をかけてしまいます。「股関節に乗る」ためには、もっと後（足裏の踵（かかと）より）に体重（圧力）を感じる必要があるのです。股関節の位置を「股間」と錯覚していると、前足部（足裏の前方）に足圧を感じます。本来の「股関節」に乗ると、もっと踵よりに足圧を感じます。

踵を接地させることについて、宮本武蔵は『五輪書（ごりんのしょ）』で興味深いことを述べています。「体の運用」（足さばき）について、「きびすを強く踏むべし」と記しています。「きびす」とは踵（かかと）のことです。しっかりと踵を接地させて動くことが大事だと説いています。現在でも能などの歩法に受け継がれているのですが、この歩法や足さばきを理解するには注意が必要です。踵を表す部位が、現在とは違います。当時の踵は、現在のように足裏最後部の狭い範囲を指すのではなく、後半分の広い範囲を示していたようです。つまり、「きびすを強く踏むべし」とは、足裏全体を接地させることを説いたものと考えられます。この足裏をしっかりと大地に接することは、日本人が伝承してきた身体特性です。舞踊などでは、日本は「舞」の文化圏、外国（大陸）は「踊り」の文化圏と言われています。日本には、足を地面や床からほとんど離さずに動く「舞」が、大陸には、逆に体を宙に浮かせる傾向が強い「踊り」が定着しました。これは、日本人が農耕民族であったことと関係があると言われていますが、さらには履物の影響が大きいと考えられます。草履（ぞうり）や草鞋（わらじ）を履いていたために、ほとんど素足の感覚で生活していたのです。このことが踵を接地させる身体文化、名づけるとすれば「踵（かかと）文化」を生み出したのかもしれません。

写真3-8をご覧ください。明治初期の人力車をひく車夫です。撮影のためにポーズをとっていると思われますが、二人とも見事に後足の踵が接地しています。

そういえば、オリンピックやサッカーのワールドカップ大会などの国際大会で、応援する観客を見ていて気づくことがあります。自国の選手が得点したときの身体（からだ）の反応が、外国人と日本人とでは明らかに違います。外国人、とくに欧米人は、ほとんどの観衆がピョンピョンと何度も跳び上がって喜びを表現します。一方、日本人は、1～2回は跳び上がる人もいますが、多くは足を地面につけたまま両手を頭上にあげたり、近くの人と抱き合ったりしています。足裏をしっかりと接地する身体特性は見事に受け継がれているようです。

写真3-8　明治初期の人力車を引く車夫（長崎大学附属図書館所蔵）

日本女性の内股

股関節の「外旋位」は合理的身体操作の基本であることがお分かりいただけたと思います。ここでは、日本人女性の脚について取り上げてみましょう。来日した外国人の多くが、日本人女性の「立ち方」や「歩き方」に違和感を感じるようです。多くの日本人女性がつま先を内側に向けているからです。いわゆる、内股です（写真3-9）。このような「立ち方」や「歩き方」はアジアでも日本人女性だけに顕著にみられる傾向です。最近では、女性向け雑誌などで特集が組まれ、足先を内に向けた「かわいい立ち方」や「かわいい座り方」などが紹介されています。

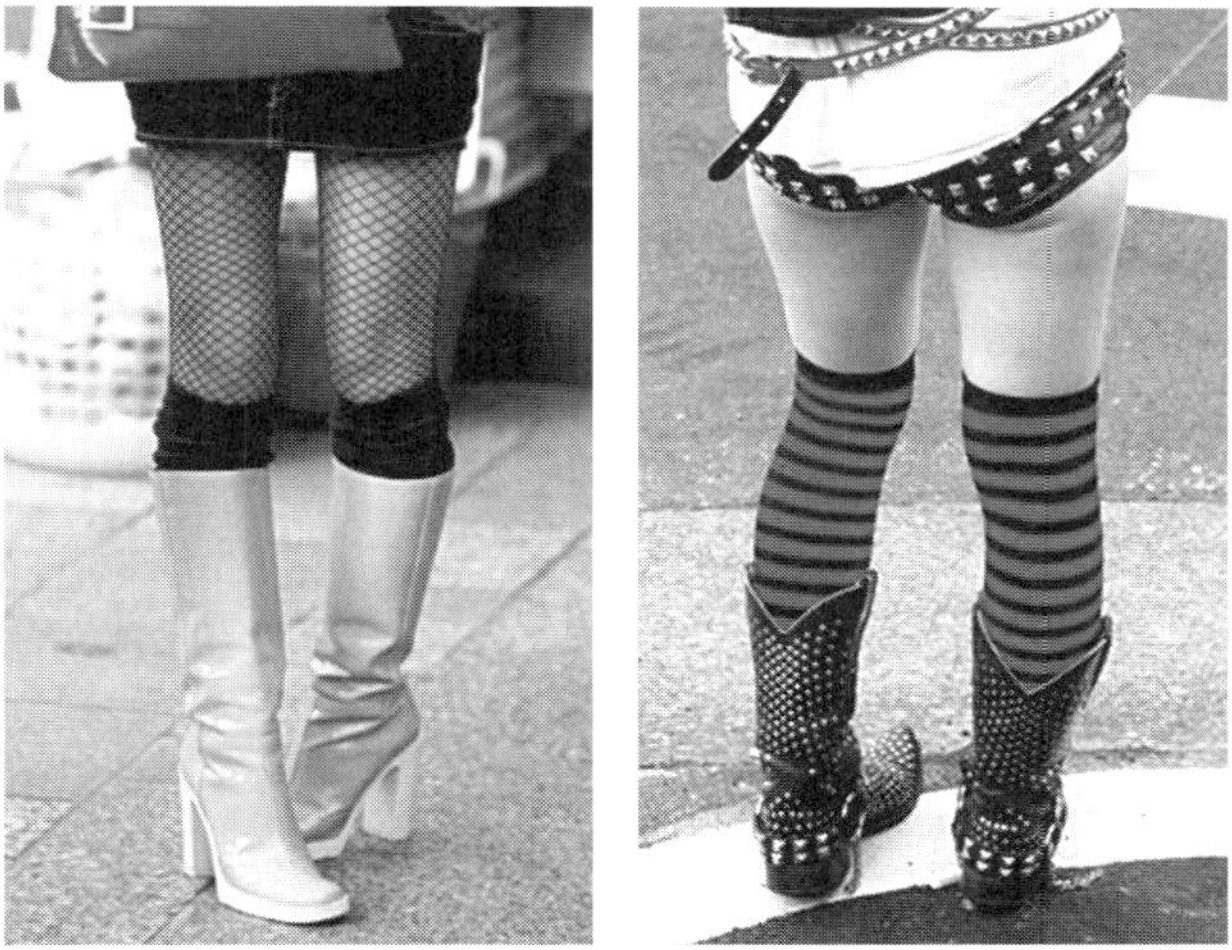

写真3-9　「10のまなざし10の日本―フランス人写真家が捉えた日本―」（関西日仏学館主催）より

先日、小学校5年生の女の子（知人）の脚を見て驚きました。股関節の内旋が著しいのです。本人に了解を得て写真を撮りました。

両足を揃えてつま先の向きを正面にしてもらいました。左右の膝頭が著しく内側を向いています。とくに左の膝関節は45度程度内側に入っています。若い女性によくみられる、股関節内旋による0脚です（写真3-10）。そこで、彼女に小さなときからどんな座り方をしてきたか聞いてみました。「ぺちゃんこ座り」です。この「ぺちゃんこ座り」の習慣が女性の股関節内旋の一因であると考えられま

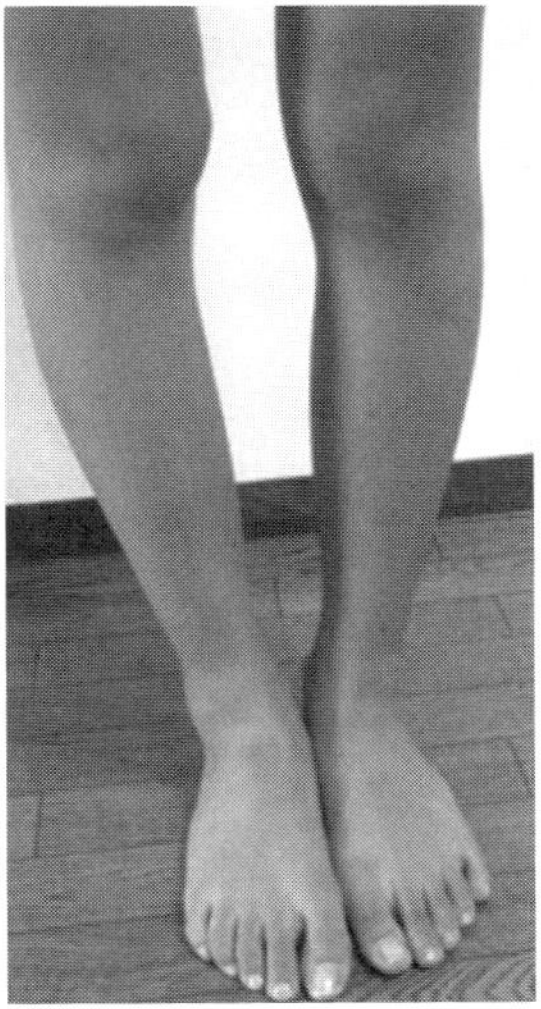

写真3-10　股関節内施によるO脚

す（写真3-11）。

ところが、本来、日本人女性は内股ではなかったようです。幕末から明治初期に撮影された写真には、多くの外股女性が写っています（写真3-12）。

日本人女性の内股傾向が強いことは、先天的な

写真3-11　ぺちゃんこ座り

写真3-12　外股女性写真（長崎大学附属図書館所蔵）

特性ではなく、後天的に「女性らしさの表現」として定着したものと思われます。民俗学者の柳田国男は、

ところが、桃山時代の屏風絵、岩佐又平の写生画はもちろんのこと、西川・菱川の早い頃の作を見ても、女は外足でサッサと歩いている。多分二重に腰巻きをして、上の方が長く、且つ麻のようなさらりとした材料を使わなくなった結果、こんな歩き方を発明して、それが美女の嬌態として認められることになったのかと思う。

（『木綿以前のこと』柳田国男・1924年〈大正13〉）

と記しています。

また、明治時代の日本で17年間にわたって活動をおこない、当時の世相を伝える多くの絵を残したことで知られるジョルジュ・ビゴーの絵を見ても、女性のつま先は内側を向いていません。どちらかというと外向きで、大地にガッシリと立っています（写真3-13）。ビゴーの絵の特徴は、風習をオーバーに表現することにあるといわれています。当時の一般女性の多くが内股であったとしたら、決して見逃すことなく描いていたであろうと思われます。しかし、ビゴーも芸者さんの脚は内股に描いています（写真3-14）。

また、戦前の人気漫画家、田中比左良も多くの女性たちのイラストを残していますが、やはり一般女性の外股に対し、芸者さんを極端な内股で描いています。

さらに、女性の内股、外股に関連して興味深い調査を紹介しましょう。早稲田大学の教授であった今和次郎氏が1925年（大正14）に東京銀座で、着物姿の女性を調査しています。当時の銀座を歩く女性の何割くらいが和服を着ていたと思いますか。なんと99パーセントです。履物はどうでしょう。115人の女性を観察しているのですが、

写真3-14　ジョルジュ・ビゴー「日本素描集23」　写真3-13　ジョルジュ・ビゴー「日本素描集03」
（ともに三重県立美術館所蔵）

下駄が112人、草履が3人です。当日は、天候が悪かった影響もあるのですが、多くの女性が和服に下駄を着用していたことがわかります。さらに今氏はつま先の向きも観察しています。内股と非内股でみると、老年では8人対4人、中年では25人対15人、若年では13人対9人です。ほぼ全員が和服を着用する時代であっても、意外と内股でない女性が多いことがわかります。しかし、当時の銀座というのは日本の中でも非常に特殊な地域で、花街である新橋が隣接していました。地方の農村では、非内股の割合がさらに多かったと推測されます。

このように、日本人女性の股関節内旋の傾向は、女性らしさの表現方法として習慣化してきたと考えられます。多くの女性が幼少のころから「足先を閉じなさい」といわれて育つのかもしれません。また、周りの大人を真似るのかもしれません。それにしても、日本人女性の内股傾向は顕著です。

この傾向は、スポーツなどの技術や動作習得に関してはマイナスになることは明らかです。さらに、女性の年配者に、膝・腰・股関節などの障害が多いことも、この内股傾向が大きく影響していると思われます。

さて、本章でみてきたように、日本の伝統的な身体操作は、股関節を「外旋位」に保つことによって合理的な動作を生み出してきました。そして、昔の日本人は日常生活でも「外股」で立つ「外旋立ち」が基本でした。

しかし、現代スポーツの準備姿勢などでは、つま先や膝を内側に絞る選手も多く見受けられます。「外股」は力がにげると「錯覚」するのかもしれません。ところが、実際には「外股」を基礎とした準備姿勢によって高いパフォーマンスが発揮される場合が多いのです。特に、日本の女性アスリートは日頃の立ち方を見直すことによって飛躍的な変化があるかもしれません。

錯覚④

腕は肩からついている？

肩甲帯

　近ごろ、肩甲骨の重要性が盛んに語られています。ここでは肩甲骨と上肢についてみていくことにします。まず、肩甲帯について理解しましょう。肩甲骨とその周辺を肩甲帯といいます。

　さて、腕はどこから動きますか。多くの人は、腕は肩関節から動くと感じています。しかし、腕の動きの先端は肩関節ではありません。肩をさまざまな方向へ動かしてみましょう。肩関節は固定されておらず腕と一緒に動きます。では、腕の動きの起点となっているのはどこでしょうか。

　肩関節から体の中央部を触っていくと鎖骨があります。鎖骨を触りながら肩を動かしてみましょう。鎖骨も一緒に動きます。しかし、鎖骨が胸の中央の骨（胸骨）とつながったところに手を置いて肩を動かしてもほとんど動きません。この鎖骨と胸骨つなぐ関節を胸鎖関節といいます。左右の胸鎖関節が腕の動きの起点です。肩周辺で体幹とつながっているのは胸鎖関節だけなのです（図4-1）。

　鎖骨の外側は肩鎖関節によって肩甲骨につながっています。肋骨はご存知しょう。鳥かごのような形をしています。その肋骨の上に筋肉が乗り、さらにその上に肩甲骨が浮いて乗っています。肩関節・鎖骨なども浮いています。鎖骨だけが先ほ

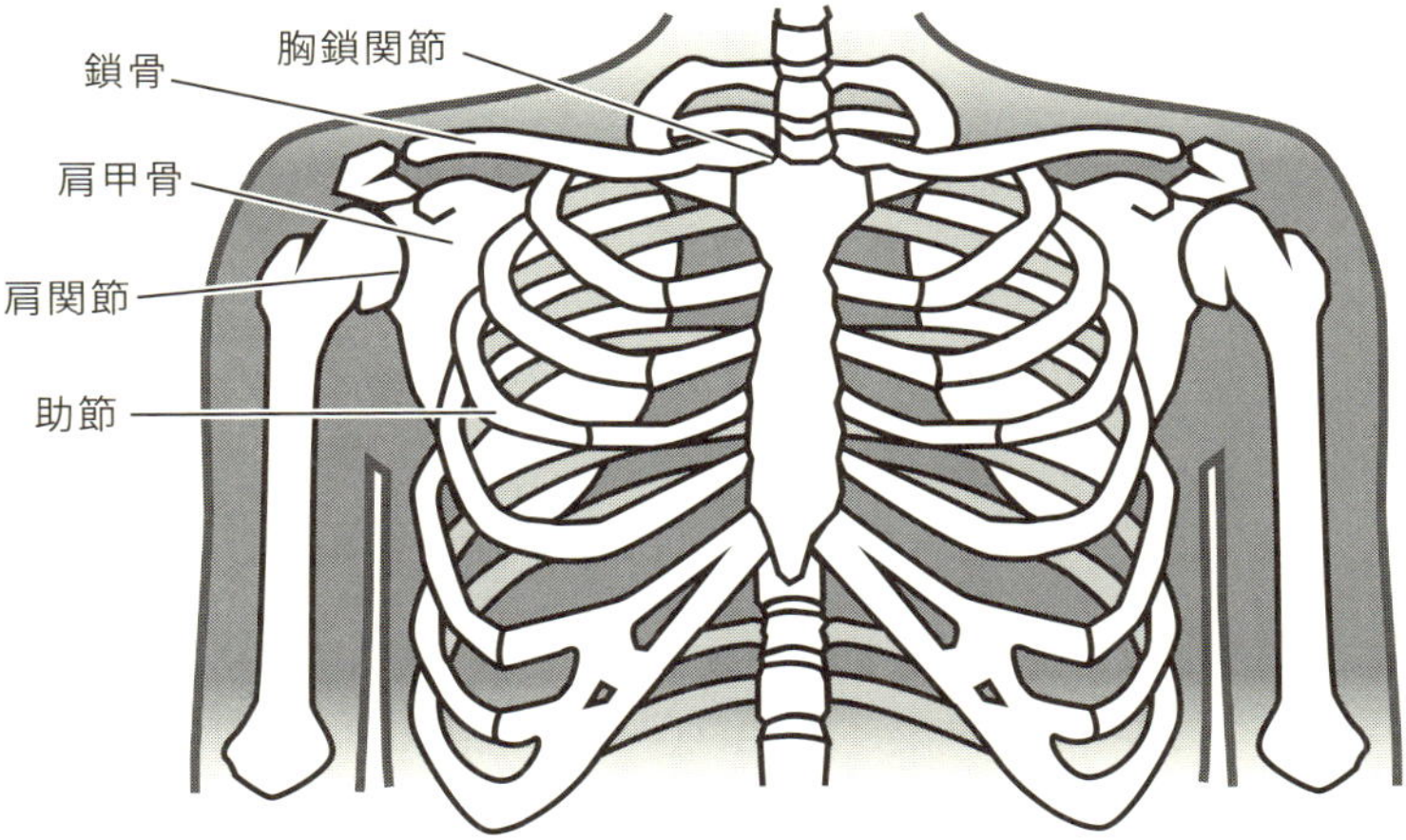

図4-1　肩甲骨

どの胸鎖関節で胸骨につながっています。よって、肩甲骨は肋骨の上をさまざまな方向へ滑るように動きます。

腕の動きをともなう動作は肩甲骨の動きがスムーズであることが重要です。とくにラケットやバットなどを振る（スイングする）動作では、この肩甲骨がスムーズに滑る動きが大切です。そして、その競技に必要な肩甲骨の柔軟性は少年期に習得しやすい傾向にあります。例えば、ゴルフのスイングに必要な肩甲帯の動きや柔軟性は少年期に身につける必要があるようです。石川遼選手や宮里藍選手など、現在活躍しているトッププロの多くは幼少時からゴルフを始めています。ジャンボ尾崎選手、岡本綾子選手、小林弘美選手のように20歳前後からゴルフに転向してトッププロになった例もありますが、彼らは同じスイング系動作が基礎となる野球やソフトボールの経験者です。

また、剣道愛好者の動きを見ておりますと、成人してから剣道を始めた方はすぐに分かります。肩の動きがスムーズではないのです。逆に言えば、成人してからゴルフや剣道を始められた方は、とくに肩甲帯の柔軟性を高めるトレーニングをすると上達が早いと思われます。

さて、肩甲骨に関して、これまでほとんど取り上げられていないことがあります。それは、肩甲骨の位置です。肩甲帯の柔軟性を高めることに熱心な方は多いのですが、日ごろの姿勢で肩甲骨を十分に使えるニュートラルポジションを意識する人はほとんどいません。楽に立って、真っすぐに両腕を垂直にあげてください。手のひらを前にして、前額面（からだを前後に切る面）にそって両腕を広げながら下ろして体側につけてください。その位置がほぼ肩甲骨のニュートラルポジションです。肩が最もスムーズに動く位置なのです。それよりも肩甲骨が前に位置する場合を「前肩」、後ろに位置する場合を「引き肩」といいます（図4-

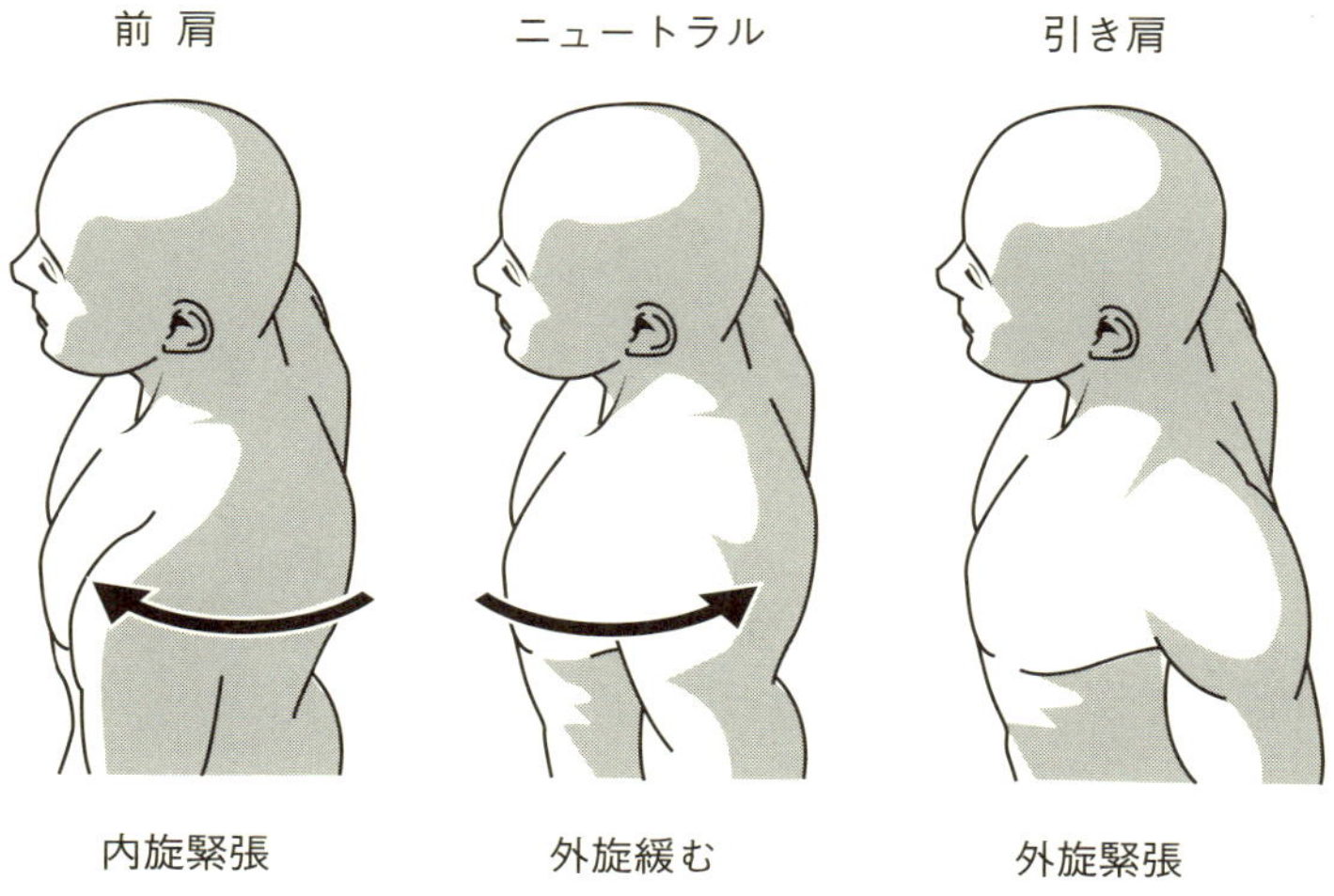

図4-2　肩甲骨の位置⇒前方・ニュートラル・引き肩

2）。

現代人は、日常生活や労働形態からほとんどの方が「前肩」なっています。日ごろから肩を少し引き気味にしてニュートラルポジションをこころがけましょう。さらに、ニュートラルポジションで肩甲帯が十分にゆるみ、肩甲骨が外側に放たれた状態が理想です。この状態を「肩甲骨の外放」といいます。

上腕を使う

歩いている状態から、左右どちらかに直角に曲がってみてください。どのようにしたら素早くからだの向きを変えることができるでしょうか。からだの向きを変える方法はいくつかあるのですが、ここでは手を使ってみます。最初は、手を操作することなく直角に曲がってみましょう。その感覚を覚えておいてください。次に、手を使います。曲がると同時に、曲がる側の手のひらを上に向けてみましょう。はじめから手のひらを上に向けておくのではありません。からだの向きを変える瞬間に、手のひらを上に向けるのです。何度か繰り返してみてください。タイミングが分かると、楽にからだの方向を変えることができます（写真4－1）。

手のひらを上に向けるとはどういうことでしょうか。その場で、腕の状態を確認しながら、手のひらを上に向けたり下に向けたりしてみてください。手のひらの向きを変えると腕全体が回ります。とくに上腕（肩から肘まで）の動きに注目してください。手のひらが上を向くと上腕も外側に回旋します。逆に、手のひらを下に向けると内側に回旋します。上腕が外側に回旋することを「上腕の外旋」、内側に回ることを「上腕の内旋」といいます。つまり、上腕を外旋させることによって、からだ（体幹）の向きを変えることができます。

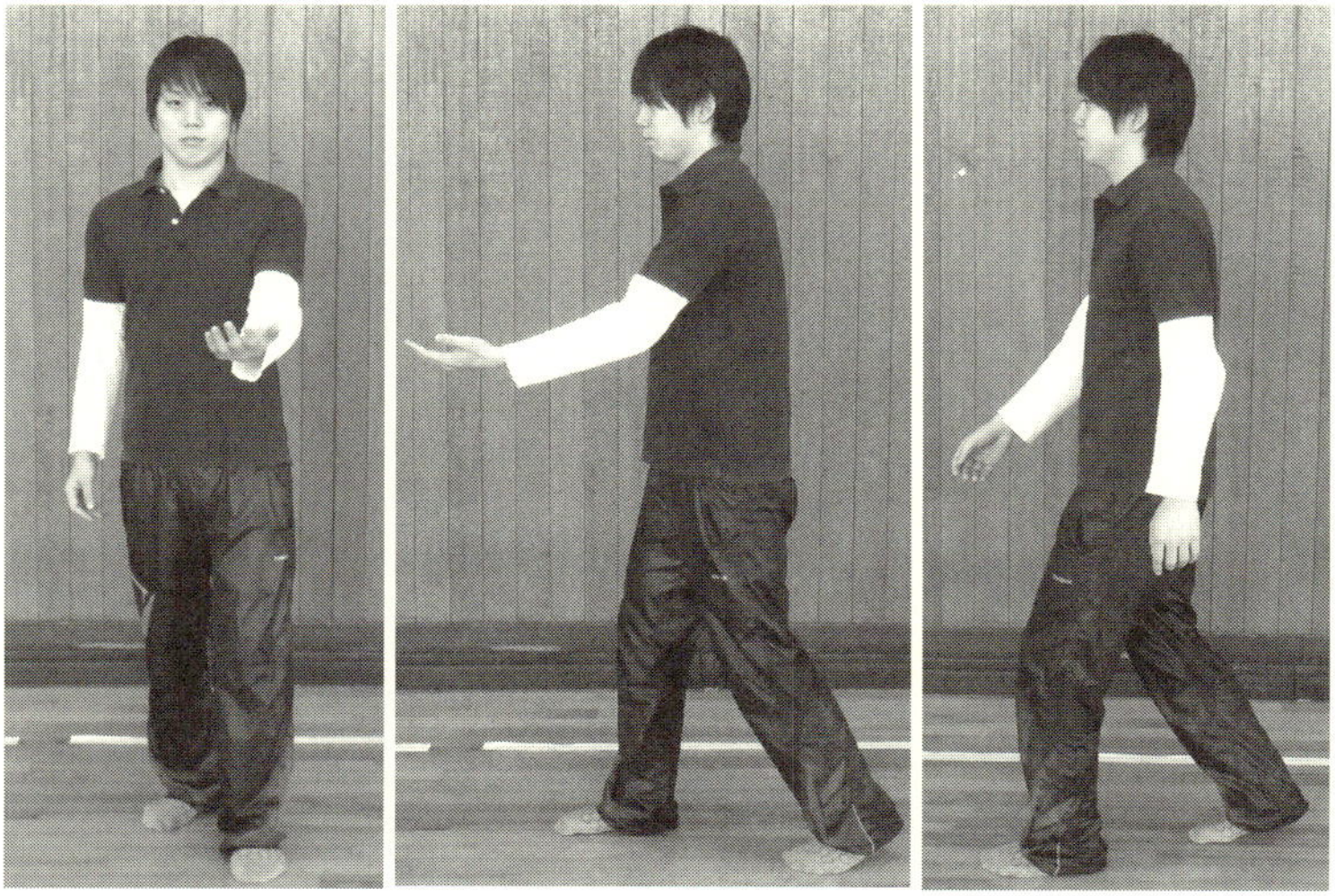

写真4-1　手のひらを上に向けて方向転換

写真4-2　上腕の外旋でからだを導く（準備姿勢）

このことを立った姿勢で確認してみましょう。足を肩幅かそれより多少広めにとって楽に立ってください。手のひらを下に向けたまま、両腕を水平に真横に上げましょう（写真4-2）。そして、まずの右の手のひらを上に向けます。からだはどう動きますか。徐々に右に重心が移動すると同時に右に旋回していくのではないでしょうか（写真4-3）。

写真4-3　上腕の外旋でからだを導く（右腕の外旋）

次に、右の手のひらを下向きに戻して、左の手のひらを上に向けてみましょう。今度は、からだが左重心になるとともに左に旋回していきます（写真4-4）。このように、上腕を外旋させること

写真4-4　上腕の外旋でからだを導く（左腕の外旋）

によってからだの重心と方向を導くことができるのです。

この「上腕の外旋」でからだの向きを変える方法は、さまざまなスポーツで利用されています。サッカーやラグビー、バスケットボールなどでは、からだをほぼ180度反転させるプレーが要求されます。優秀な選手は、無意識のうちに上腕をうまく外旋させながら反転しています。実際に動いてみましょう。足を少し左右に開いて立ちましょう。その状態から素早く左回りに反転してみてください。左右、どちらでもいいのですが、多くの方は左に回りやすいと思います。左上腕を外旋させると同時に反転してみてください。難しいでしょうか（写真4－5）。

さらに素早く反転するためには、もう一つ知っておきたいことがあります。それは、上腕とともに同側の股関節も外旋させるということです。左上腕を外旋させると同時に、左股関節を外旋させ

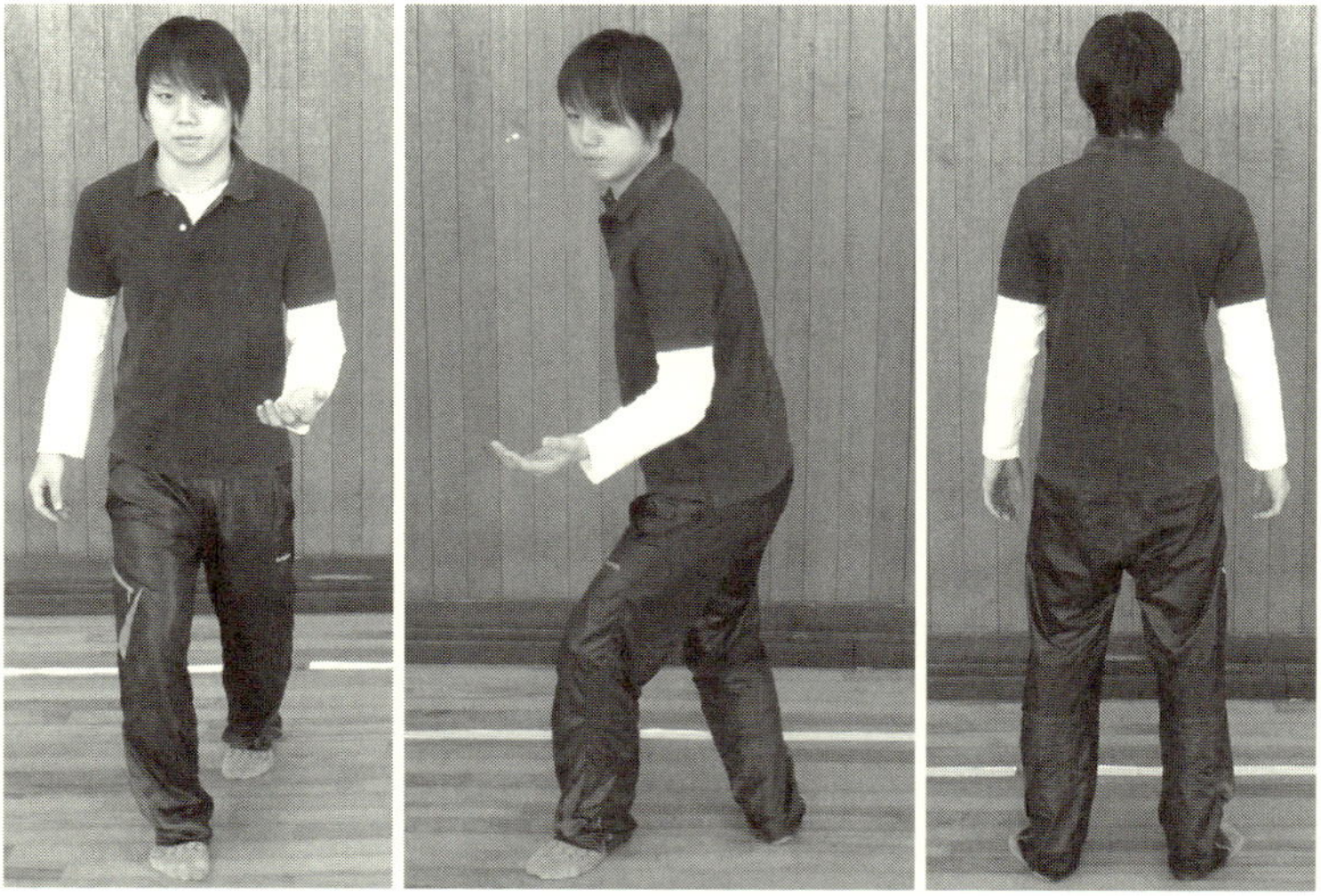

写真4-5　上腕と股関節の外旋回をつかって反転する

てみましょう。非常に楽にからだを反転させることができます。上腕と股関の外旋はワンセットなのです。

この上腕と股関節の外旋を使う操作は、ゴルフスイングでもみられます。トップオブスイングから上腕と股関節を外旋させることによって、ダウンスイングでからだがスムーズに回転します。しかし、ゴルフスイングではさらにコツがあります。それは、アドレス時から常に上腕と股関節に外旋をかけておくことです。そうすることで、理想的なトップでの切りかえしと重心移動が実現します（図4-3）。皆さんも、ご自分の動きに上腕や股関節の外旋を取りいれてみてください。驚くほど、かただの回旋が素早くなります。

図4-3　ゴルフのスイングにみられる上腕・股関節の外旋

さて、その場で腕を組んでみましょう（写真4-6）。どのように組みましたか。右前腕（肘から手首まで）が上になれば「右組み」、左前腕が上ならば「左組み」といいます。共同研究者の小山田良治氏は、ご自分の治療院（五体治療院・愛知県小牧市）で選手の皆さんの腕組みを調査したそうです。その結果、優秀な選手の多くは「左組み」だったそうです。

これは何を意味しているのでしょうか。実は、「腕組み」で日ごろの重心傾向が分かります。「右組み」の人は右重心、「左組み」は左重心の傾向が強いのです。腕の組み方によって例外もあるのですが、腕を組むと上に位置する腕に外旋力がかかります。日ごろから右重心の方は「右組み」、左重

腕組みと重心（左組み）

腕組みと重心（右組み）

写真4-6　右組みでは右重心、左組では左重心になる（伊藤成紀選手・競輪　大阪、90期）

心の方は「左組み」に腕を組む傾向にあります。試してみましょう。立位姿勢でも座ったままでもけっこうです。まず、完全に右に重心をかけてください。そして、「右組み」と「左組み」をしてみましょう。どちらが安定しますか。「右組み」だと思います。逆に左重心にすると、「左組み」が安定します。腕組みで自分の重心位置の傾向を知ることができます。できれば日常生活で右重心にならないように心がけましょう。

脇をしめる

二人一組になって向かい合って立ちます。手と手を合わせて押し合ってみましょう（写真4-7）。どのように押すと力が効率よく相手に伝わるでしょうか。手の向きを変えてみましょう。片方の人は手の向きを「ハの字」に、もう片方の人は「逆ハの字」にして押し合ってみます（写真4-8）。手の向きを交代して何度か試してみてください。「逆ハの字」で押したほうが楽に押せます。よほどの筋力の差がないかぎり、「ハの字」にした人が押すことはできません。

手を「ハの字」にした場合と、「逆ハの字」とでは何が違うでしょうか。ここでも上腕に注目してください。「ハの字」は上腕が内旋しています。「逆ハの字」では外旋しています。何かを前方に効率よく押すときにも「上腕の外旋」が威力を発揮します。相手と押し合って分かりにくい方は、同様に手の向きを「ハの字」と「逆ハの字」で腕立て伏せをしてみてください。「逆ハの字」のほうが地

写真4-7　両手を合わせて押し合う（全身）

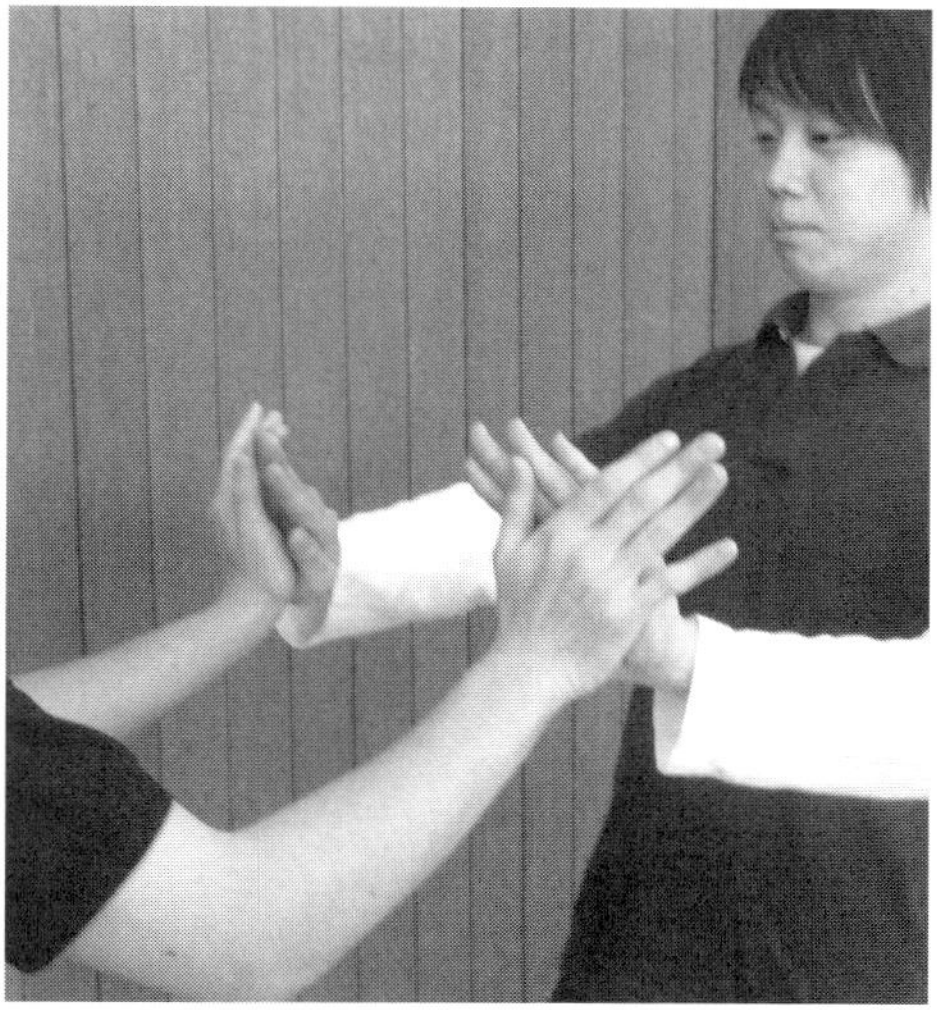

写真4-8　両手を合わせて押し合う（手を拡大）

面（床）を押しやすいと思います。腕立て伏せは、非常にすばらしいトレーニング方法なのです。上腕の外旋状態をつくり出すことができます。それに比して、ベンチプレスという運動があります。仰向けに寝た姿勢で、バーベルを持ち上げます。このときのバーベルを持った上腕の状態を想像してください。不可能ではありませんが、理想的な上腕の外旋状態がつくれません。これでは、からだを前に押す動きにはつながりません。腕立て伏せという稽古法をもう一度見直したいものです。

さて、肩甲骨と上腕についてみてきました。次は、前腕についてです。まず、バスケットボールのチェストパスについて考えてみましょう。体育の授業などではどのように習いましたか。ボールがあれば、実際にチェストパスをしてみてください。一般的に、チェストパスはパスをした後に両

写真4-9　バスケットボールのチェストパス

写真4-10　サッカーのスローイン

手の甲が向き合うようにと教えられます（写真4－9）。しかし、その通りに動作すると上肢全体が内側に回旋してしまいます。両手の甲が向き合うようにとは、感覚的なことを表現した教えです。

　すでに学んだように、何かを押すときには上腕を外旋させることが大切です。チェストパスも同様です。しかし、ボールなどを前方に押し出すときには、上腕を外旋させるとともに、前腕だけを内側に回旋させる必要があるのです。前腕を内側に回旋させることを「前腕の回内」といいます。少しコツがいる動作なのですが、「上腕の外旋」と「前腕の回内」をほぼ同時におこなうのです。それにより素早く安定したパスが生まれます。

　この「上腕の外旋」と「前腕の回内」は、さまざまなスポーツで頻繁に見られます。野球などの投球も、上腕を外旋させてから前腕の回内とともにボールをリリースします。サッカーのスローイン動作もこの原則を使っています（写真4－10）。また、剣道の打突も同様です。竹刀（しない）を頭上から振り下ろすときに、腕を内側に絞れと教えられますが、多くの剣士が腕全体を内側に回すと

写真4-11　上腕の外旋を保ったまま前腕を回内させる

写真4-12　前へならえ（上腕内旋）肘が外を向いている

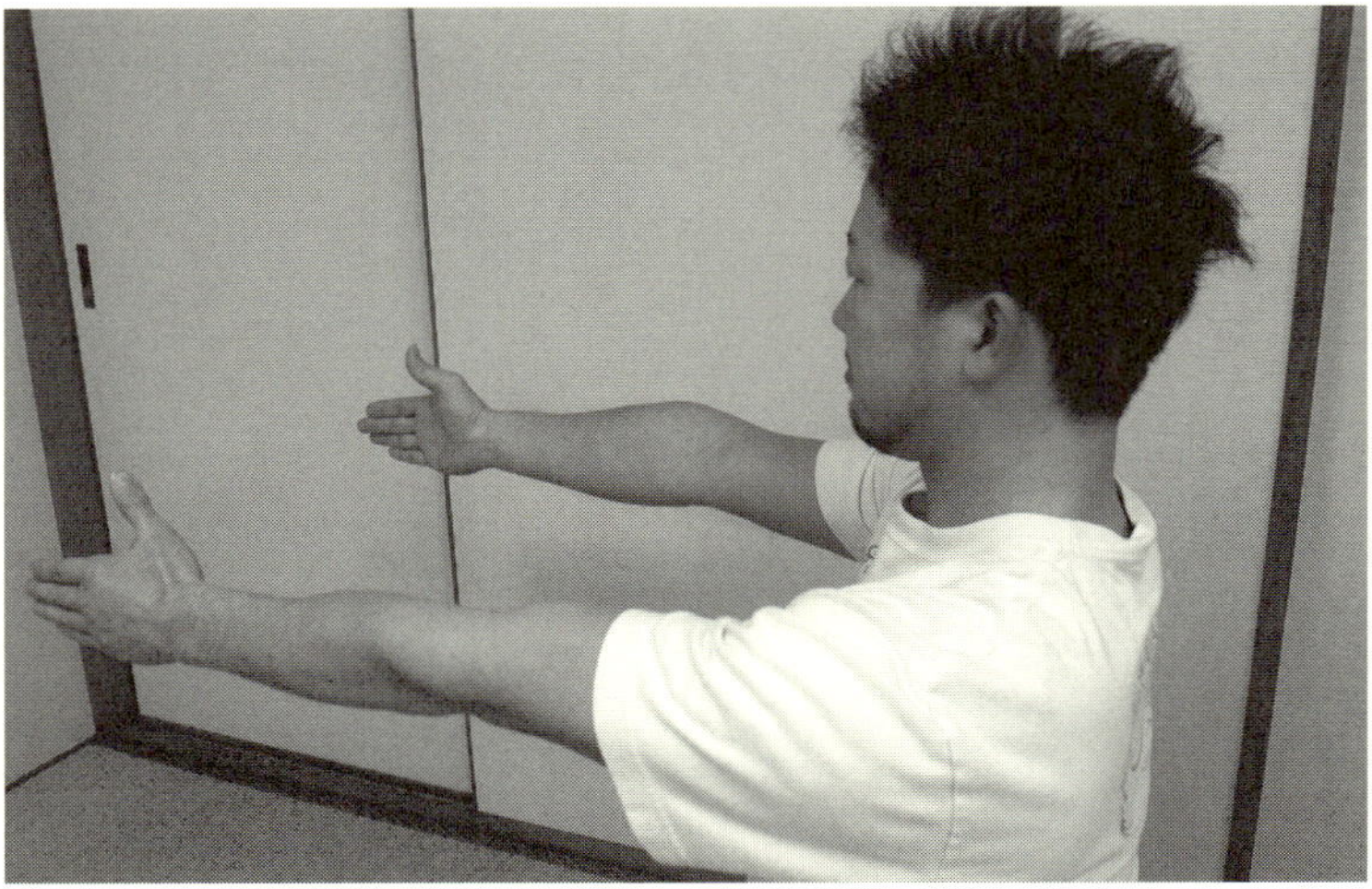

写真4-13　前へならえ（上腕外旋）肘がほぼ真下を向いている
（南修二選手・競輪　大阪、88期）

錯覚しています。そうではなく、上腕の外旋を保ちながら前腕を回内させるのです（写真4-11）。

さて、上腕と前腕の合理的な動きについて紹介してきました。しかし、人によっては前腕を回内させると上腕の外旋が保てません。実は、上腕の外旋状態は人によってかなり個人差があるのです。その場で「前へならえ」をしてみましょう。手のひらが向かい合うようにしてください。肘の向きを確認してみましょう。肘が外を向いていますか。斜め下ですか、それともほぼ真下を向いているでしょうか。肘が下を向いているほど上腕が外旋しています。

前述の小山田良治氏は「腕組み」と同様に「前へならえ」の調査をされたそうです。小山田氏によれば、トップレベルの選手ほど上腕が外旋しているといいます（写4-12・4-13）。日頃から、上腕の外旋状態を意識したいものです。

この章では、肩甲骨と主に上腕について説明してきました。いかがでしたでしょうか。肩周辺はとても複雑な動きをします。腕が肩関節から動くと「錯覚」していると、その複雑な動きがイメージできません。肩甲骨は肋骨上を滑るように動き、さらに肩関節は股関節と同じように球関節ですから、さまざまな方向に可動します。そして、上腕の「外旋」と「内旋」によって、からだ全体の動きを導き出すことができます。肩甲骨と上腕の機能をよく理解することが大切です。

錯覚❺

人の「からだ」は左右対称？

エスカレーターは右に立つ？それとも左？

駅やデパートなどのエスカレーターを利用するときに、あなたは左右どちら側に立ちますか。「右」と答えた方は、関西地方にお住まいなのではないでしょうか。全国をくまなく調べたわけではありませんが、関西地方（岐阜県の一部を含むらしい）では、エスカレーターは「右」に立ち（写真5-1）、それ以外の地域は「左」に立つ（写真5-2）ことが習慣化されているようです。

なぜ関西地方では「右」に立つのでしょうか。これにはさまざまな説があるようです。関西（大

写真5-1　エスカレーター（大阪）

阪）人が東京を真似るのがいやで「右」に立つようになったという説。また、関西地方では江戸時代の歩行原則を受けつぎ、「右」に立って左側を通行させるようになったという説もあります。昔の武士は左側通行でした。武士どうしがすれ違うときに、左腰に差している刀の鞘が触れることをさけるためです。しかし、最も信憑性があるのは、大阪での日本万国博覧会開催時（1970）に、駅のホームが混雑したため、ある電鉄会社が「右」に立つよう各駅でアナウンスしたという説です。つまり、関西地方以外では、自然発生的に「左」に立つようになったと考えられます。私たちのからだは自然に左重心で立つように制御されているらしいのです。これを「左重心の法則」といいます。

写真5-2　エスカレーター（東京）

「からだ」の「右」と「左」について、面白い実験結果があります。元東京工業大学教授の平沢彌一郎先生が、放尿時における重心位置の変化を測定した実験があります。男子が立ったままで放尿する際にピドスコープという足裏が映る装置でみると、左足はぴったりとガラス面に密着しています。これに対して右足は、放尿にともなって少しずつ踵が上がっていき、放尿終了直前には、踵からほぼ三分の一が離れてしまいます。試しに踵を両足とも上げさせると放尿がしにくく、片足を完全に上げてしまっても、放尿は困難だったそうです。

女性の場合はしゃがんだ姿勢で測定しています。やはり、放尿とともに左足にかかる圧力が高まり、右足の踵は上がっていきます。実験結果によれば、男女ともほぼ全員、利き足に関係なく左足に圧力がかかっていくそうです。

皆さんも試してみてください。左足に体重をかけると排尿がスムーズですが、右足重心にすると尿の勢いが弱まる傾向にあることが納得できるでしょう。

こうしたことから平沢先生は、左右の足はそれぞれ異なった役割をもっていると推測されています。

左足は、

1、全身の安定保持のための主軸

2、移動方向を定める、

という特徴をもち、これに対して右足は、

1、器用性や攻撃性などの運動作用、

2、スピードをコントロールする、

という特徴があると結論づけておられます。

さて、エスカレーターの話題にもどりましょう。

写真5-3　エスカレーター（京都）

先日、京都駅でエスカレーターを利用して驚きました。「左」に列ができているのです（写真5-3）。京都駅のエスカレータで「左」に立っている光景をはじめて見ました。このようすをメルマガ（「常歩無限―驚異のスポーツ上達法―」）で紹介したところ、毎日京都駅を利用している大学生の方から次のようなメールが届きました。

　私の体験からいうと、JR大阪駅はほぼ100%右立ちです。JR京都駅（通学に毎日使っています）も自分が見ている限り、右立ちであることが多いです。ただ京都駅の場合、一番最初にエスカレータに乗った人が左立ちであると、その後の人も左立ちとなる傾向が見られます。

　こうしたことは「左重心の法則」により、徐々にエスカレーターの右立ち地域がせばまっていることを示すのかもしれません。「からだ」は私たちが感じている以上に左右差があるようです。左右対称ではありません。「からだ」の左右の機能を理解することが大切です。

なぜか人は左に回る

　現在、陸上競技のトラックは左回り（反時計回り）、野球のベースランニングも同じです（写真5-4）。しかし、1800年代のイギリスでは、陸上競技のトラックは右に回ることが多かったようです。1896年の第1回近代オリンピック（アテネ大会）も右回りでした。トラックの形状が現在とは異なり直線部分が長かったのですが、それでも参加選手からは走りにくいと不評でした。そこで、第2回近代オリンピック（パリ大会）では左回りが採用され、その後「レフトハンド・インサイド」のルールが適用され、右回りはなくなりました。私たちは右利き・左利きに関係なく左回り

写真5-4　陸上のトラック

のほうが走りやすいようです。これを「左回りの法則」ということにしましょう。

「左回りの法則」にもいくつかの説があります。人間の心臓は普通左にあるので左回りのほうが安心感がある、また、遠心力による心臓への負担が少ない、さらには、男性の睾丸は左が重いからというなんとも信じがたい説もあります。また、私たちは右利きが多いので、右足と右腕を加速させやすいからとも言われてきました。しかし、どれも信憑性にとぼしいと思われます。

人が左のほうが回りやすい理由の一つは、すでに述べた「左重心の法則」にあります。からだの左側、つまり左股関節に重心が乗りやすいので、左に回るほうが容易なのです。ヨチヨチ歩きの幼児に目標を与えず歩かせると、徐々に左方向に曲がって歩きます。

そして、もう一つ左に回る大きな原因があります。それは、私たちのからだ（体幹）は右よりも左に捻りやすい傾向にあることです。試してみましょう。正座をして（椅子に座ったままでもかまいません）まっすぐ前を向いてください（写真5-5）。両手を頭の後ろに組んだ状態でからだを左右に捻ってみましょう（写真5-6、5-7）。

いかがでしょうか。どちらに回りやすいでしょうか。多くの人は左に捻りやすいと思います。

また、日ごろの生活でも観察してみましょう。例えば、真後ろから名前を呼ばれると人は左回りで振り向く傾向にあります。先日、左回りについて医師の方から次のような興味深いメールをいただきました。


診察する際、基本的には患者さんは私の左側にいます。ですから多くの診察室では患者さんの左側は壁や机などがあることになり、右側が広いことになります。そして、大体患者さんには回転する椅子に座ってもらっています。

胸の音を聴いた後、背中の音を聴かせてもらうために回転してもらうのですが、ほとんどの人が左へ回ります。先に書いたように、左側は狭く右側は広いにもかかわらず、です。統計をとったわ

写真5-5
正座して頭の後ろで手を組む

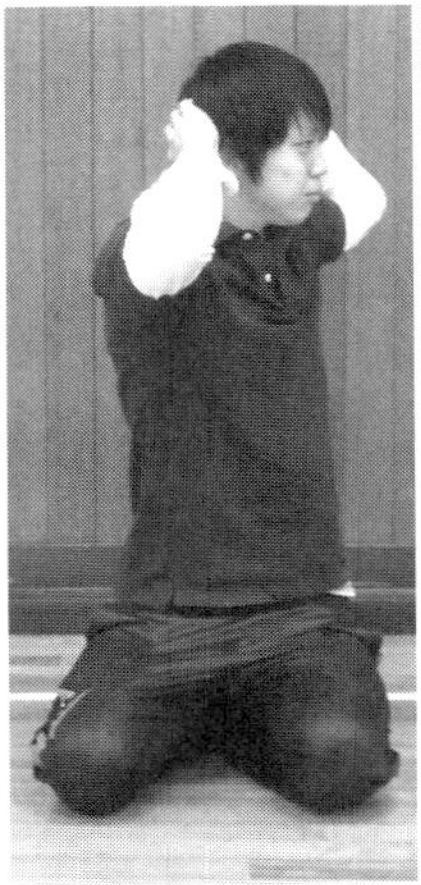
写真5-6
正座しからだを捻る（左）

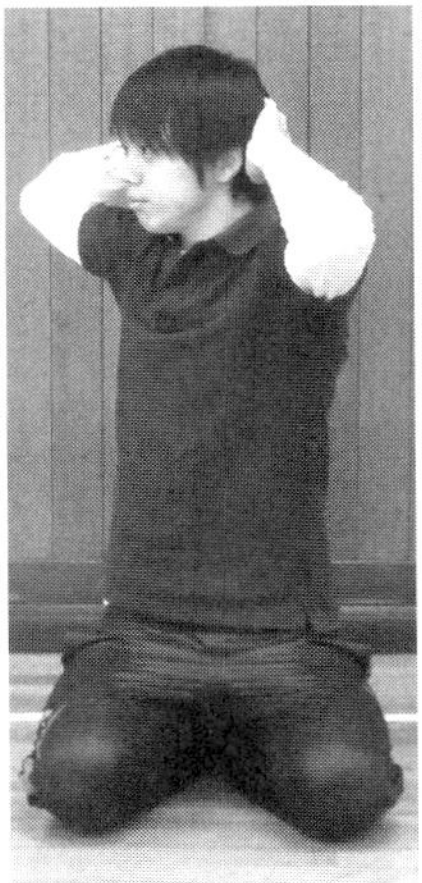
写真5-7
正座しからだを捻る（右）

けではないのですが、経験的に左回りの患者さんが圧倒的に多いです。

これまでに実はいろいろ考えていました。もし足で蹴って椅子を回すのなら、右利きの人なら右足拇指側で外へ蹴るほうが左足で蹴るより自然だから左に回るのだろうか、とか。でも実際にやってみると、椅子を回すときは足で蹴るより回したい側に重心を傾けてからだを捻っていると思いました。

日常生活や仕事などの動作で、からだを左に捻りやすいと感じておられる方は案外多いようです。以前、ベテランの刑事さんにお聞きしたところ、容疑者を追跡すると行き止まりではほとんど左に逃げるのだそうです。また、高校ラグビーの指導者からは、バックスのラインが右ラインの場合よりも左ラインのほうが深くなるとお聞きしたことがあります。これも、左にパスを出す角度が深くなるので、無意識のうちに左ラインが深くなるのだと思われます（しかし、トップレベルの選手は左右差なくパスを出せると言われています）。

さて、それではなぜ、からだ（体幹）は右よりも左に捻りやすいのでしょうか。これには内臓の配置が影響しているようです。大きな肝臓が右の上腹部に位置しているため、からだ（体幹）を右に回旋させると肝臓がひっかかると考えられるのです（図5-1）。

「左回りの法則」はさまざまなところで利用されています。例えば、スーパーマーケットなどでは、正面に向かって右側を入口、左側を出口にする左回りの導線が基本です。しかし、左回りではお客さんがすぐに回ってしまうので、あえて右回りにしてゆっくり商品を見せる方法もあるそうです。「左回り」は私たちに安定感を与えてくれます。回転する椅子に座って、左右に回ってみましょう。その違いは歴然としています。右に回ると不安定

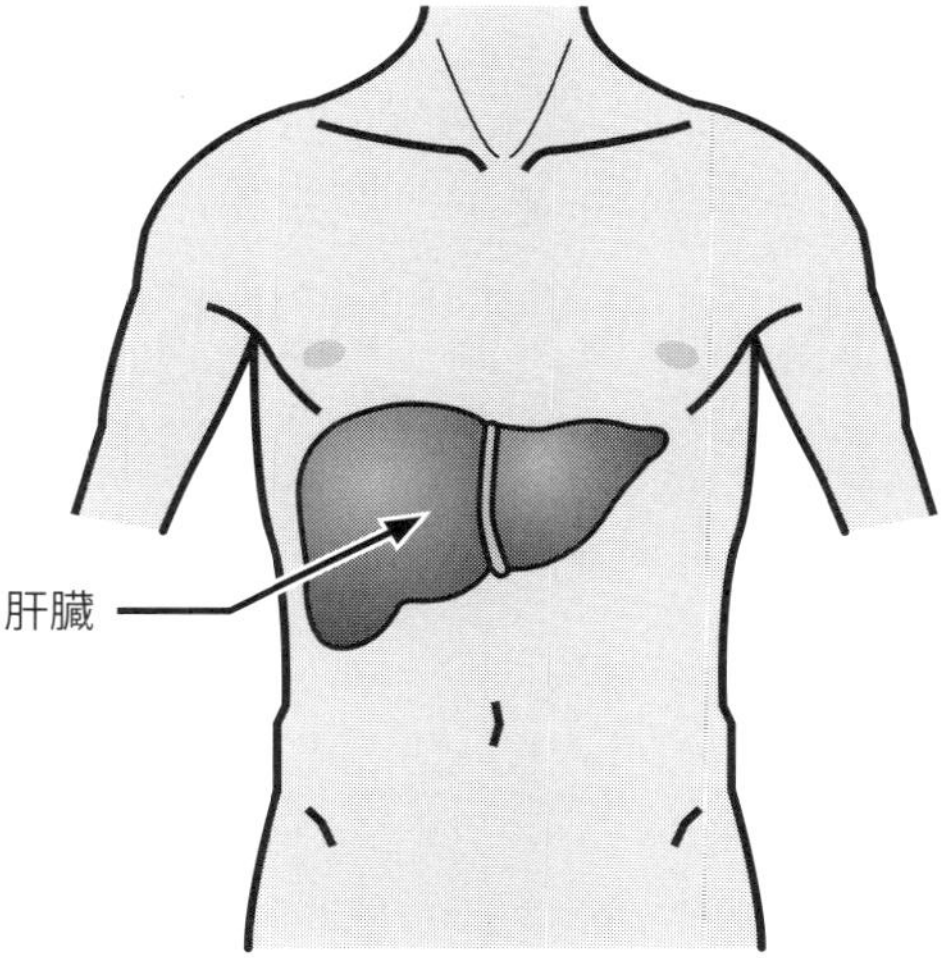

図5-1　内臓図

な感覚になります。車やバイクの運転なども左カーブのほうが安定します。事故なども多発する「魔のカーブ」は圧倒的に右カーブが多いといいます。この特性を利用しているのが遊園地の乗り物です。ジェットコースターを思い出してみましょう。右回りにつくられています。絶叫系の乗り物は右回りが基本です。

左右自然体の法則

さて、「左重心の法則」で私たちは左の股関節に加重しやすいことをお話ししました。ここでは左右の股関節について、さらに興味深い性質があることを学びましょう。簡単な実験をしてみましょう。二人一組になってください。まず、「からだ」の後ろで棒を持って片足立ちになります。もう1人は、その棒を真下に押します。左右の片足立ちで試してみてください。どのような違いがあるでしょうか。

左の片足立ちでは、からだの後ろで保持した棒を真下に押されても体勢が崩れにくかったと思います（写真5-8）。一方、右の片足立ちでは、すぐに崩れてしまいます（写真5-9）。なぜでしょうか。これは、左右の股関節の機能が異なるからなのです。実は、左の股関節には前方向の力が強く働きます。一方、右の股関節には後方向の力が働くのです（図5-2）。

写真5-8　棒を後ろで保持して真上から押す（左足）

写真5-9　棒を後ろで保持して真上から押す（右足）

さて、この股関節の機能から左右自然体の特性が浮かび上がってきます。まず、左右の自然体について説明しておきましょう。左右の自然体は「半身」ともいいます。左右どちらかの肩と足

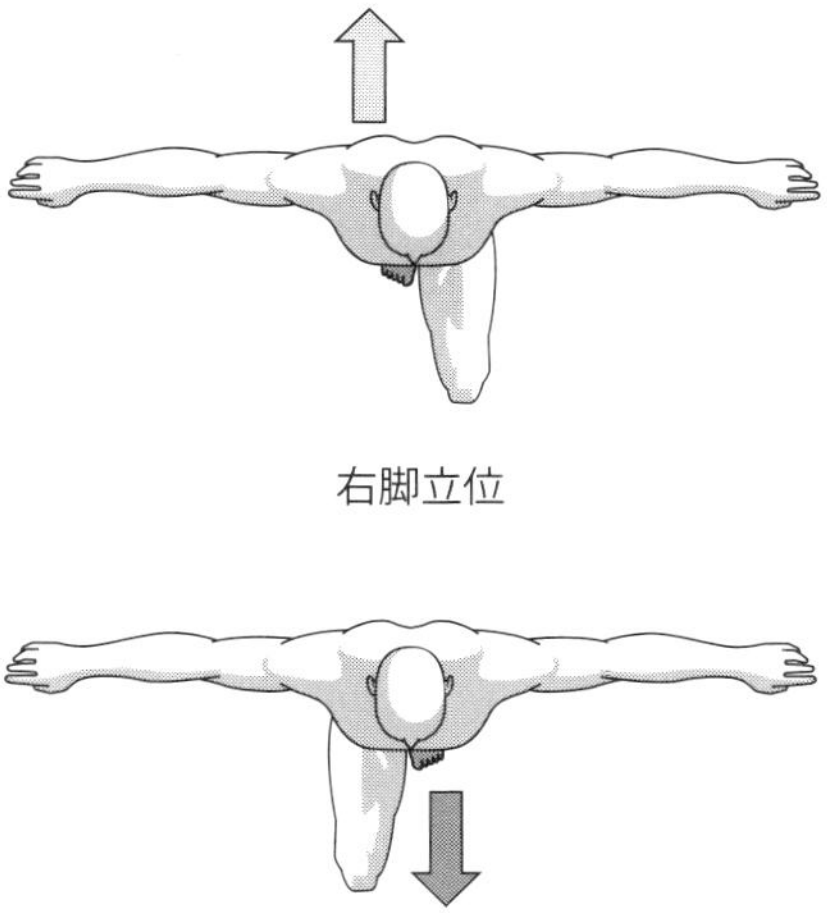

図5-2　左右股関節の動き

(腰)が前方に位置した姿勢のことです。右肩と右足(腰)が前方に位置している場合を右自然体(右半身)、その逆が左自然体(左半身)です。

　左右の股関節の機能が異なりますから、左右の自然体もその特性が違います。例えば、剣道(剣術)の中段の構えをみてみましょう。中段の構えとは最も一般的な構えです。からだの前で両手で竹刀(刀)を保持します。江戸時代には多くの剣術の流派がありましたが、中段の構え(名称はさまざま)はどの流派も右自然体でした。右手と右足が前、左手と左足が後です。左自然体の構えは現在まで伝わっていないのです。

　これは刀法(日本刀の操法)と関係があります。日本刀での斬撃動作は、現在の剣道のように「からだ」を前方に進めることはありません。刀は竹刀と違い自分の方向に回帰してくるので、踏み込んで「からだ」を止めるか、もしくは「からだ」を開いて太刀筋を確保する必要があるのです。そのために、右自然体で右股関節の機能を生かして「からだ」の前進を止めるのです。つまり、右自然体は右股関節(右足)を前方に位置させ、「からだ」の前進を止めたり、後方に引くための姿勢なのです。

　また、ボクシングでも左右自然体の特性がみられます。ボクシングの構えは、ご存知のように「オーソドックス」と「サウスポー」があります。「オーソドックス」とは一般に右利きの構えで、右こぶしを後方に引いた左自然体です。一方、「サウスポー」はその逆で「右自然体」です。また、ボクサーのタイプはさまざまですが、相手の懐にとびこみショートレンジの打ち合いを好む「インファイタータイプ」と、相手と一定の距離を置いてヒットアンドアウェーを得意とする「アウトボクサータイプ」とに大別されます。

左股関節が前に位置する左自然体の「オーソドックス」は、その特性から「からだ」を前に進めやすい構えだといえます。「インファイタータイプ」に向いています。一方、右自然体の「サウスポー」は右股関節の特性を生かし、距離をとって動くことに向いています。ボクシングの本場アメリカでは、観客が打ち合いを好むため、かつてはアウトボクシングになりがちな「サウスポー」を「オーソドックス」にコンバートすることも多かったようです。また、相手との距離を保ちポイントを奪い合う傾向があるアマチュアボクシングでは、右利きであっても「サウスポー」に転向する例が少なくありあせん。

これらの例から、

写真5-10　人力車のえびす屋（京都嵐山）

「左自然体はからだを前進させる」

「右自然体はからだを止める」

と言っていいと思います。

この「左右自然体の法則」はさまざまなところで見られます。例えば、最近、観光地などに行くと人力車をよく見かけます。車夫の方々がどのように人力車を引いているか観察したことがあるでしょうか。「からだ」を進行方向に正対させて引いている車夫の方はほとんどいません。左右の自然体（半身）で引いています。そして、圧倒的に左自然体（左半身）で引いている車夫のほうが多いのです。右自然体では長い距離は引けないのだと思われます（写真5-10）。

また、近年、陸上競技でも左自然体を応用する動きが見られます。現在、女子陸上100メートルの日本記録保持者は福島千里選手（11秒21）ですが、彼女の特徴の一つは右腕にあります。右腕を大きく右後方へ振ります。この腕振り、実は女子選手のトップクラスには多く見られるようになってきました。この腕振りを意識的に取り入れる指導者もおられるようです。右腕を右後方に振ることで右肩が後方に位置し、左自然体をつくりだしているのです。

左右の自然体を意識されたことはあるでしょうか。駅伝競技のある高等学校の監督さんは、意識的に左自然体で走らせることがあるそうです。そうすることで、からだが前進する感覚が得られると言われています。また、サッカーの著名な指導者からは、ほぼ静止状態から動くときには左足から出るように指導している、というお話を聞いたことがあります。右足から出るとからだにブレーキがかかり、その後の動作が止まってしまうことが多いそうです。

からだの左右特性からトレーニングや動きを見てみると、新しい発見があるかもしれません。

錯覚❻ 日本人は「ナンバ」で歩いていた？

ナンバ歩き

スポーツや武道などに興味がある方々は「ナンバ歩き」をご存知だろうと思います。

2003年に開催された世界陸上選手権大会（パリ大会）男子200メートルで末続慎吾選手が銅メダルを獲得し、その時に彼が語った「ナンバ」の動作や感覚が注目され、多くの方々がその存在を知ることとなりました。さて、それはどのような歩き方なのでしょうか。

「ナンバ歩き」は、歌舞伎や映画の演出家（評論家）であった武智鉄二氏が、『伝統と断絶』（1969、風濤社）や『舞踊の芸』（1985、東京図書）などで紹介した内容が現在に受け継がれています。それらの内容を少しみてみましょう。武智氏は「ナンバ歩き」について次のように述べています。

ナンバというのは、農耕生産のための全身労働においてとられる姿勢で、右手が前に出るときは右足が前に、左手が前に出るときは左足が前にという形になる。つまり、現代人の歩行の体様において、手が足と逆の方向にふられる姿勢と、まったく逆の動きとなる（『伝統と断絶』1969、風濤社）。

写真6-1　同側の手足が前に出る

また、三浦雅士氏も『身体の零度』（1994、講談社）で「ナンバ歩き」を取り上げ、

ナンバというのは、あるいは説明するまでもないかもしれないが、簡単にいえば、右足と同時に右手が出、左足と同時に左手が出る歩き方である。二、三十年前までは、小学校の運動会などに必ずこういう動作をするものが二、三人はいた。整列行進などで、緊張のあまり、習ったとおりの歩行ができなくなるのである。他の児童が右手を出したところで左手を出してしまうから、前の児童の左手とぶつかってしまう。

と述べています（写真6-1）。

しかし、武智氏はこのような「歩き方」は正確には「ナンバ歩き」ではないと説明しています。

ナンバの姿勢を説明するときに、よく、右足が出るとき右手も前に出す、というように説明される。しかし、これは正確ではない。

日本民族のような農耕民族（牧畜を兼ねていない）の労働は、つねに単《ひと》え身でなされるから、したがって歩行の時にもその基本姿勢（生産の身ぶり）を崩さず、右足が前へ出るときは、右肩が前へ出、極端に言えば右半身全部が前へ出るのである。

しかし、このような歩行は、全身が左右交互にむだにゆれて、むだなエネルギーを浪費することになるので、生産労働の建て前上好ましくない。そこで腰を入れて、腰から下だけが前進するようにし、上体はただ腰の上に乗っかって、いわば運搬されるような形になる。能の芸の基本になる運歩もこのようにしてなされるのであって、名人芸では上体は絶対に揺れることがない。

ただし、日常行動では能ほど厳格でなくてもよいので、上半身の揺れを最小限にとどめる程度であるかもしれない。この場合、右足が出たときには右肩も少し出るが、背筋をしっかり伸ばして、背筋の力で肩の揺れを留め、エネルギーのロスを最小限とするように心がげる。

（『舞踊の芸』1985、東京図書）

また、民俗学者の野村雅一氏も、

ナンバとは右足と右腕をそろえて前に出したいわゆる半身の構えのことで、簡単に言えば、農夫が鍬を手にして畑を耕す姿勢である。盆踊りなどでもそうだが、右足が出れば右手も同時に前に出るこのナンバが日本の芸能の基本なのだ。この姿勢で右半身、左半身と交互に出して歩行に移ると、歌舞伎の六方（ろっぽう）でその誇張された形がみられるようなナンバ歩きになる。（中略）このナンバで勢いよく歩くと、一歩ごとに肩が左右に大きく揺れて、いわゆる「肩で風を切る」という格

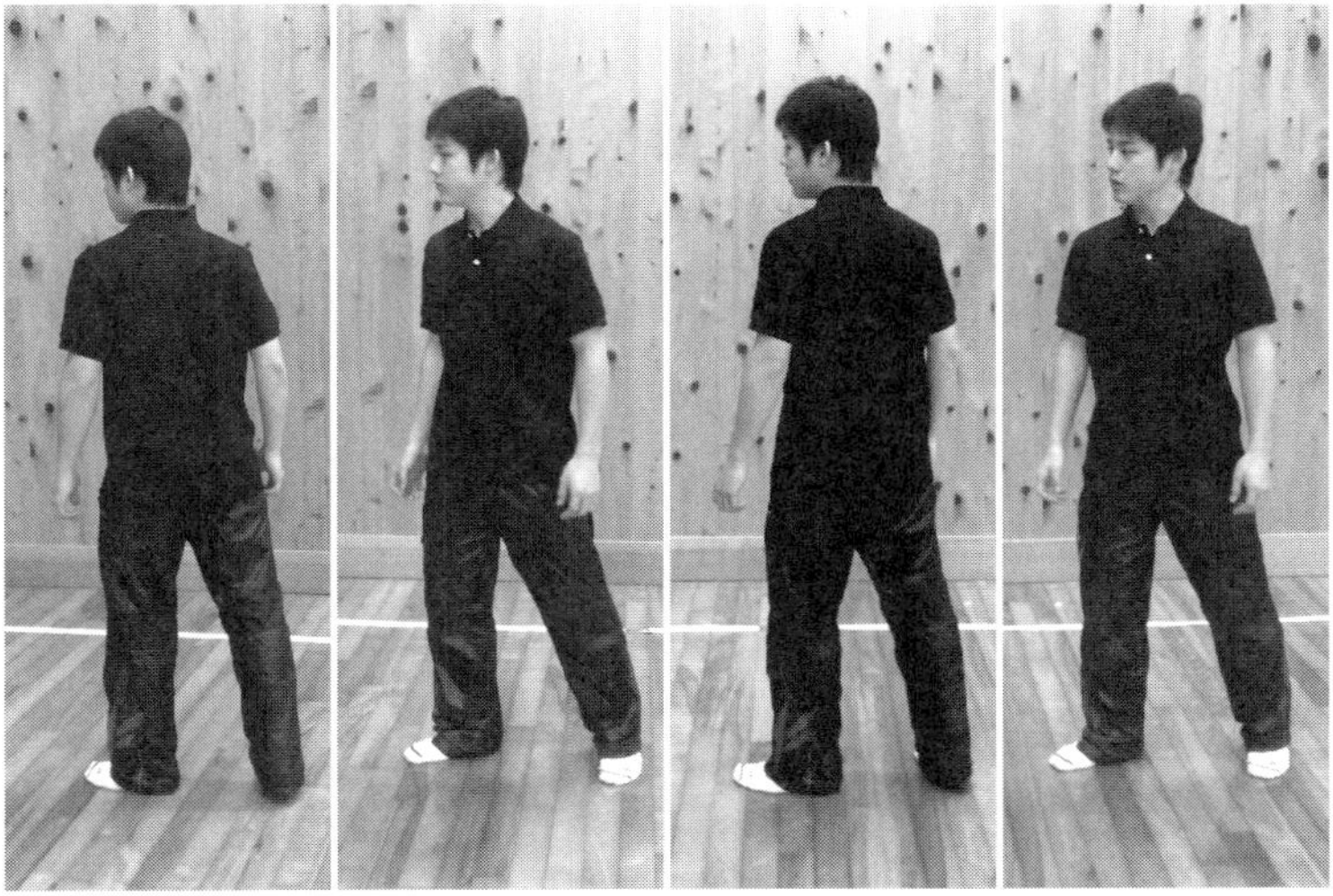

写真6-2　左右の半身を繰り返す

好になる。日本人が、ひざを曲げ、腰をちょっと落として歩くのも、ナンバ式だと歩くにつれてからだがどうしても左右に揺れるから、そうせざるをえないということがあるのだろう。
（「しぐさの人間学」〔『日本経済新聞』〕1998・10・14日付）

と述べています。

これらは、「ナンバ歩き」は右足が出るときに右手だけが出るのではなく、同時に右肩が出ると説明しています。つまり、「左右の半身を繰り返す」と述べられています（写真6-2）。

さて、皆さんは「ナンバ歩き」をどのように理解しているでしょうか。「同側の手足が前に出る」または「左右の半身を繰り返す」と理解されている方が多いのではないでしょうか。昔の日本人は本当にそのような「歩き方」をしていたのでしょうか。同側の手足を前に出したり、左右の半身を繰り返す「歩き方」をしてみてください。いかがですか、とても歩きにくいですね。当時の多くの日本人が、このような「ナンバ歩き」をしていたとするのは誤解だと考えられます。確かに和服を着ていましたから、上体を捻らず、腕を振らない歩き方はしていたかもしれません。しかし、それらも「左右の半身を繰り返す」ことを基礎とした歩行ではなかったと考えられます。

ナンバの誤解

それでは、なぜ「ナンバ」に関する誤解が生じたのでしょうか。「ナンバ」というと多く方が「歩き方」だと理解しています。しかし、「ナンバ」は歩き方ではありません。66頁の武智氏の文章をもう一度読んでみてください。「ナンバというのは、農耕生産のための全身労働においてとられる姿勢」と書いてあります。「ナンバ」は姿勢のことなのです。さらに、武智氏は次のように説明しています。

> すべての労働的行動が筋肉の全身的な緊張を中心に行われ、したがって、全身の体位は筋肉の緊張にふさわしい半身（単え身ともいう。からだが常に一枚の板のようになっていて、どの部分もねじれたりしないから、その名がある。この語は舞の芸術用語にもなっている）の姿勢になっている。このように右半身が前に出て、左半身があとへ引かれる姿勢を、舞踊用語で、ナンバという。
>
> （『舞踊の芸』１９８５、東京図書）

さて、武智氏は日本人が農耕民族であったために、歩くときもその姿勢が反映されたとしています。このような考え方を「原初生産性」といいます。「原初生産性」とは、その民族の最初の生産パターンがその後の行動原理を決定するというものです。その生産パターンは、からだだけではなく、言語やリズム感覚をも決定するとします。この武智氏の論法は見事なのですが、「ナンバ歩き」に関しては疑問を指摘せざるをえません。

農耕生産の基本姿勢、いわゆる「ナンバ」が日本人の日常動作に影響を与えたことは否定しません。日本人の身体（姿勢や動作）に「半身姿勢」および「半身動作」が潜在していることは疑いの余地はありません。疑問とは、農耕生産の基本姿勢である「ナンバ」が「左右の半身を繰り返す」という歩行に転化するかということなのです。農耕生産の作業には「左右の半身を繰り返す」動作はみられません。「ナンバ」の姿勢のまま作業（動作）をします。武智氏自身も、

農耕における生産労働の特徴は、それが第一次産業であるからして、土に向かって農民の持つすべての労働エネルギーを注ぎこむよう身体行動することである。たとえば、鍬を土へ打ちこんで畑を耕すときでも、右手に鍬の柄を持ち、左手に柄頭を取り、その右肩を前へ、左肩を後方に、いわゆる半身に構え、右足を前方に左足を後方にして腰を据え、全身の筋肉を伸長収縮させつつ、土に向かって鍬を打ち込む。そうして半身のまま、体全体をうしろへ引いて鍬を引き寄せる。

（『舞踊の芸』1985、東京図書）

写真6-3　片踏み（飛脚）（横浜開港資料館所蔵）

写真6-4　片踏み（駕籠かき）（長崎大学附属図書館所蔵）

と述べています。

つまり、「ナンバ」の姿勢のまま歩いたとすれば、「ナンバ」による歩行は「左右の半身を繰り返す」のではなく「半身姿勢」を保持したままの歩行であると考えられます。このような「歩き方」を「片踏み」といいます。文箱を担ぐ飛脚や駕籠かき、または剣道（剣術）の動作などは典型的な「片踏み」です（写真6-3、6-4）。

このように考えると、当時の日本人が「同側の手足を前に出す」または「左右の半身を繰り返す」ような「ナンバ歩き」をしていたことに関しては再考の余地があると思われます。

日本人の歩き方

さて、「ナンバ歩き」の誤解についてみてきましたが、それでは、江戸時代末期頃までの日本人はどのような「歩き方」をしていたのでしょうか。

昔に比べて私たちの歩行量は激減しています。先進諸国では「歩行」を移動手段としてとらえることはほとんどありません。「歩き方」も昔に比べて画一化していると考えられます。そこで、昔の日本人の歩き方について調べてみました。

まずは、剣道（剣術）の足さばきから昔の「歩き方」を推測してみます。すでに33頁で紹介しましたが、宮本武蔵は「足つかい」（足さばき）について、「きびすを踏む」ということを言っています。「きびす」とは踵のことです。「五輪書」には、

足のはこびやうの事、つまさきを少うけて、きびすをつよく踏べし。

足つかひは、ことによりて、大小遅速はありとも、常にあゆむがごとし。

足に、飛足、浮足、ふみすゆる足とて、是三ッ、嫌ふ足也。

此道の大事にいはく、陰陽の足と云是肝心也。

陰陽の足とは、片足ばかりうごかさぬもの也。きる時、引時、うくる時迄も、陰陽とて、右左／＼と踏足也。

辺々、片足ふむ事有べからず。

能々吟味すべきもの也。

とあります。ここでまず注目しなければならないのは、武蔵が文頭にわざわざ「つまさきを少うけて、きびすをつよく踏べし」と明記していることです。身体動作などの表現は、それが明文化されたものであれ、口伝されたものであれ「逆説的解釈」を試みる必要があります。つまり、「つまさきを少うけて、きびすをつよく踏べし」との表現は、他流にはない「足つかい」であることを強調したものととらえることができます。そして、日常の「歩き方」が「足つかい」に転化していると考えると、「きびすを踏む」という「歩き方」は当時の一般化した歩きではないと推測されるのです。

つまり、流派または個人レベルにおいてさまざまな「足つかい」があり、それらを「嫌ふ足」として「飛足」・「浮足」・「ふみすゆる足」として取り上げていると考えられます。そして、同様に「飛足」・「浮足」・「ふみすゆる足」の基礎となる多様な「歩き方」があったことがうかがえます。

「歩き方」が剣術の「足つかい」に影響を与えたことについては赤羽根龍夫氏が、

幕末の達人といわれた北辰一刀流の千葉周作は（略）、踵を踏むことを批判しています。これは、つま先だって歩く軽快な江戸の町人の歩き方を千葉周作が取り入れたためではないかというのが私の説です。武士は踵に力をいれて歩いていたが、江戸っ子は突っかけ草履を履いて踵を少しも地につけないで歩いていたと、平山蘆江『日本の芸談』（昭和16年）にあります。幕末は町人階級の台頭が目覚しく、江戸の三大道場は町人や富農層で賑わっていたといわれています。

（『江戸武士の身体操作・柳生新陰流を学ぶ』2007、スキージャーナル社）

と述べ、武士階級以外の「歩き方」が「足つかい」に影響を与えた可能性に言及しています。このように、剣術の「足つかい」を少し検討しただけでも、日本人の「歩き方」はさまざまであったことがうかがえます。

さらに、当時の日本人の歩きについては、野村氏も次のように述べています。

古くは歩き方にも、腰をちょっと落としたすり足歩行や、腰高で足を交叉させるようにしてだしてすすむ大工や鳶職の歩き方、若い娘の内股歩き、年増女の練り歩き、等々、多少誇張はあるものの日本舞踊でみられるような身分や職業や性別に特有な歩き方があったが、現在の日本ではそのような社会的ちがいはすっかりなくなった。

(『身振りとしぐさの人類学』1996、中央公論新社)

また、昭和初期に、柳田國男は失われつつある「歩み方」について、

男女の風貌はこの六十年間に、二度も三度も目に立って変わった。(中略) 肩を一方だけ尖らせて跨いであるくような歩き方もあった。袖を入れちがいに組んで小走りする摺足もあった。気を付けてみると、いずれも履物の影響が大きかったようである。

(「明治大正世相史編」『柳田國男全集26巻』1990、筑摩書房)

と述べています。

また、表現としての歩行も見られます。「歩き方」によって老若男女・年齢・職業などを表現する文化が日本にはありました。それら表現手段としての歩行は歌舞伎に伝承されています。

総じて女形は足のはこびにつま先を強くつかへば気象の強い女形となり、男役は踵を強く踏みしめればしつかりとした男の性根が見える。(中略) 男役のあるき方は、踵のおろし方に目安があるという話をしたが、江戸ツ子の足どりはその中でも特別だ。江戸ツ子という役柄を、切られ与三郎で代表してそのあるき方を説明しよう。与三郎は足は踵でもなく、爪先でもなく、足の小指のつけ根あたりからまづ下ろして親指のつけ根の方へ及ぼすというやり方で、どつちかと言えば踵はすこしも地につけない。それは、江戸ツ子特有のつゝかけ草履を実際に穿いて見ればすぐ判る。踵をかばつてやらねば踵がよごれるからだ。さういう足の運び方で、而も膝をまげずに前につき出しながらあるく、(後略)

（平山蘆江『日本のげい談』１９４９、和敬書店）

すでに述べたように、「歩き方」は民族や地域性にかかわらず、時代が下るにしたがい画一化する傾向にあります。日本人の「歩き方」に関しては、「ナンバ歩き」が強調されたために、当時の日本人がある共通した「歩き方」をしていたという誤解が生じました。しかし、これらの史料から推測されるように、日本人は実に多様な歩き方をしていたことが分かります。そして、日常生活などのさまざまな場面で無意識のうちに「歩き方」を使い分けていたと考えられます。それらの多様な「歩き方」が基礎となり、さまざまな身体操作法が生み出されていたと考えられます。

錯覚⑦ 正しい歩き方は「胸を張って腕を振る」？

エクササイズウォーク

前章では「ナンバ歩き」に関する誤解を取り上げ、さらに、昔の日本人の「歩き方」は多様であったことを紹介しました。ここでは、現代人の「歩き方」についてみていきましょう。

皆さんは「正しい歩き方」と聞いてどのようにイメージするでしょうか。「胸を張って腕を大きく振る」というようにイメージされる方が多いと思います。

現在、一般的に推奨されているウォーキングは、健康維持やダイエットのための「歩き方」です。エクササイズウォークやパワーウォークといい、エネルギー消費量が多い「歩き方」が紹介されています（写真7-1）。一定の距離（時間）を歩いたときに、できるだけカロリーを消費する「歩き方」です。これらのエクササイズウォークやパワーウォークが正しい「歩き方」であるとイメージし、スポーツなどの動きの基礎になると誤解している方も多いようです。

日本人が多様な「歩き方」をしていたことはすでに述べましたが、現在でも昔ほどではありませんが、私たちはさまざまな「歩き方」をしています。ここでは現代人の「歩き方」の違いを見るコツを紹介しましょう。最近、多くの方々から「どのように動作を勉強したらいいですか」と聞かれることがありますが、「歩行動作を観察してみましょう」と答えています。日常生活で、最も多く接する動作は歩行動作です。いつでも観察できます。そして、歩行動作が分かるようになると、スポーツ・武道などの動作が分かるようになります。

写真7-1　エクササイズウォーク

ローリングの法則

歩いている人をじっくり観察したことがありますか。私は、よく人通りの多いところに行って「歩き方」を見ていました。わざわざ、通行量の多いところへ行かなくても、人の「歩き方」を観察することができます。外に出ると、老若男女、さまざまな人が歩いています。意識して人々の歩きを観察してみましょう（写真7-2）。そして、違いを見つけてみましょう。「歩き方」の違いというのは、なかなか分からないものです。なぜ、分からないのでしょうか。それは、四肢の動き（手と足の動き）に惑わされるからです。一生懸命に観察すればするほど、大きく動いている四肢に目を奪われてしまいます。これは、スポーツなどの動作を見るときも同じです。手足は、ボールを保持して投げたり、蹴ったりしますから、四肢の動きに目を奪われていると動作が全く分からなくなってしまいます。「歩き方」や動作を見るときにはちょっとしたコツがあります。それは、胴体（体幹）を見ることです。

写真7-2　多くの人が歩く雑踏

胴体もさまざまな動きをしますが、まず骨盤（腰）の動きを観察しましょう。その動きのなかでも「水平方向」の動きを見るようにします。「骨盤（腰）が回転する」と表現される動きです。これを「骨盤（腰）のローリング」といいます。「ローテーション」という言い方もありますが、ここでは「ローリング」ということにしましょう。人が歩くときには、程度の違いはあっても、脚の動きと骨盤のローリングには、ある法則があります。骨盤を全く回転させないで歩ける人はいません。必ずローリングします。ご自分で歩いてみて確認してもいいと思います。ローリングの法則を見つけましょう。

もう少し具体的にいうと、右足が振り出されるときには、骨盤はどう動くでしょうか。また、左足が振り出されるときにはどうでしょうか。歩く人の骨盤と脚の動きの関係を観察してみましょう。歩く例外はありますが、一般に、私たちが歩くときに

は、

○右足が振り出されるときには、右腰（右の骨盤）が前方に動きます。
○左足が振り出されるときには、左腰（左の骨盤）が前方に動きます。

言い方をかえると、頭上から見ると、
○右足が振り出されるときには、骨盤が反時計回りに回転します。
○左足が振り出されるときには、骨盤が時計回りに回転します。

最初は、これらの動きも分からないと思います。とくに男性は分かりにくいものです。女性の方は骨盤が大きく動く傾向にあります。怪しまれないように、歩いている女性の腰に注目してください。

この骨盤の動きを補償する（打ち消す）ために、私たちは振り出される足の反対側の腕を前方に振り出していると考えられます。まず、このローリングの動きを観察してみましょう。大きくローリングする人や小さい人など、さまざまです。

さて、骨盤の水平回転（ローリング）には、いくつかの原則があります。それらを知っておくと現代人の歩きの違いが分かってきます。ローリングは、何に影響されるのでしょうか。最も影響を受けるのが歩隔（ほかく）です。歩隔というのは足の左右幅です。歩くときの歩幅のことはよく言います。しかし、左右の幅（歩隔）に注目する人は少ないようです。ところが、骨盤のローリングと歩隔はとても大きな関係があるのです。

実際に歩いてみましょう。まず、ほとんど一直線上を歩いてみてください。ほぼ、歩隔をとりません。次に、骨盤幅くらいの二直線上を歩いてみてください。ローリングの違いが明確に分かりますす。一直線上を歩いたときのほうが、ローリングが大きくなります。このことが確認できたら、歩いている人の歩隔とローリングの関係も観察してみてください。トレーニングでジョギングやランニングを取り入れている方々も多いと思います。歩隔を変えて歩隔を変えてみたことがありますか。歩隔を変えると全く動きが変わってきます。

写真7-3は、ファッションモデルの歩き方です。一直線どころか、左右の脚を交差させて逆二直線で歩いています。そうすると、とても大きく腰がローリングします。ローリングを大きくする

写真7-3　ファッションモデルの歩き方

ことで、着ている服の特徴を引き出したり、女性らしさを表現しています。モンローウォークで有名な、女優の故マリリン・モンローは、ハイヒールの片方のピンを5ミリほど切っていたそうです。そうすると、骨盤の水平回転だけではなく、上下への動きが加わり、さらに女性らしい歩きを強調できたらしいのです。

次は、ローリングとシューズの関係です。人々が歩くときのローリングと、履いているシューズを観察してみてください。ここにも、面白い法則があります。シューズの踵（かかと）の高さに注目してみましょう。ご自分でも確かめてみてください。つま先立ちになって踵を上げたまま歩いてみてください。次に、踵を地面につけるようにして、歩いてみてください。どちらが、ローリングが大きいでしょうか。すぐ、分かると思います。踵を上げたままだと、大きく骨盤がローリングします。男性と女性を比べると、女性の方が骨盤が

ローリングします。これは、男女の骨盤の幅・形状の違いもありますが、女性がハイヒールなどの踵が高い靴を履くことも原因の一つです。女性がハイヒールを履くことが定着したのは、脚を長くきれいに見せるというだけではなく、それにより腰が動き女性らしくみえるためであったと考えられます。

さらに、膝やつま先の向きを観察してみましょ

写真7-4　内股歩行

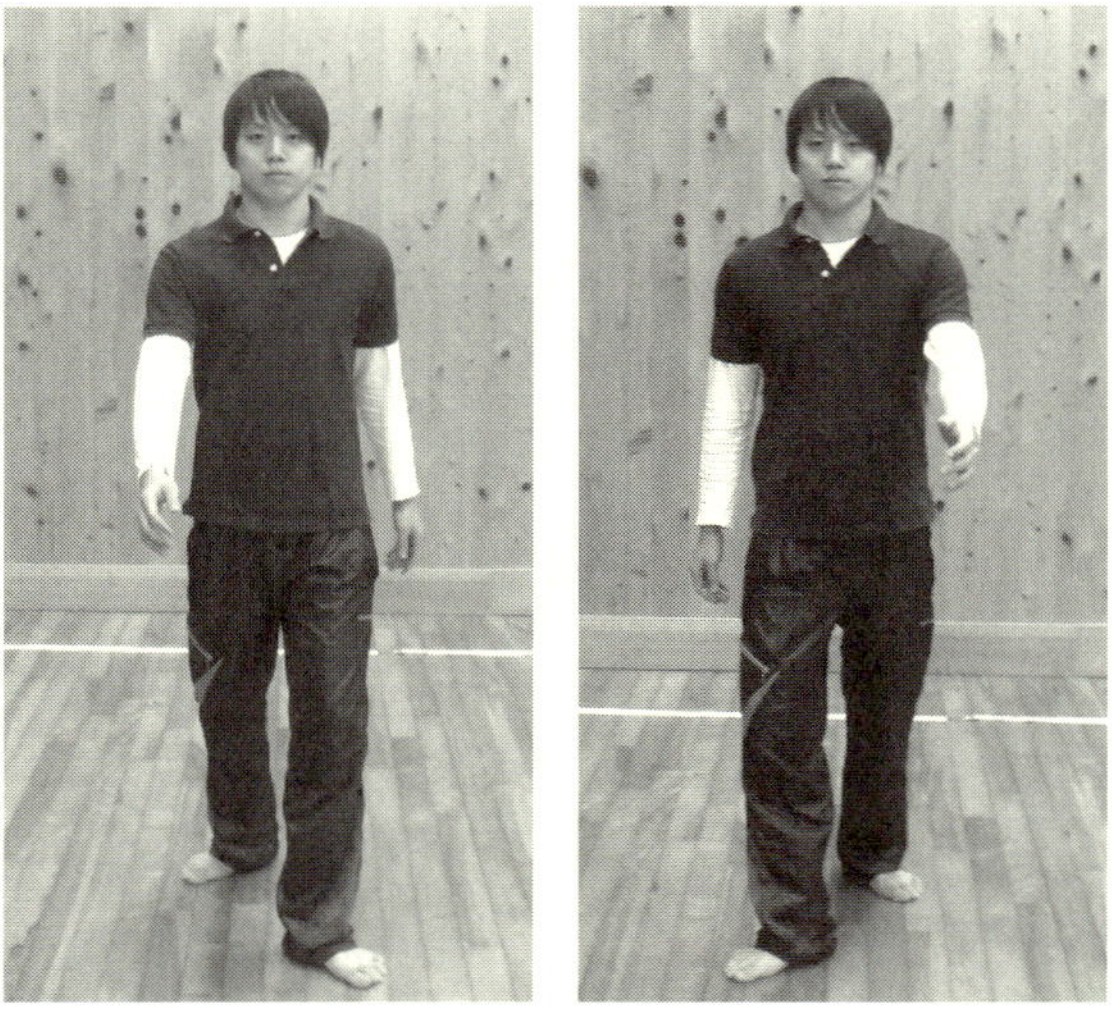

写真7-5　外股歩行

う。すでに「錯覚3」でも触れましたが、膝とつま先の向きは人によっては同じではありませんが、ここではほぼ同じと考えて結構です。最初は膝よりもつま先の向きに注目した方が分かりやすいと思います。つま先の向きをいろいろと変えて歩いてみてください。極端に内側に向けた状態と外に向けた状態で歩いてみてください。分かりやすい表現で言うと内股と外股です。内股のほうが、腰(骨盤)のローリングは大きくなります(写真7-4)。逆に外股のときは、ローリングが抑えられます(写真7-5)。

さて、骨盤のローリングの違いと法則から、現代人もさまざまな歩き方をしていることが分かります。歩いている人々を観察し、歩き方を真似てみましょう。実際に、からだを動かし感じることで理解が進みます。登山家のなかでは、坂を登る歩き方が伝えられています。船乗りの方々は、揺れる船内での歩き方を身につけているようです。女性を表現する歩き方や男性らしい歩き方もあります。さらには、それぞれのスポーツのパフォーマンスを高める歩き方などがあります。歩きは、それぞれの目的で違っていて当然です。「正しい歩き方などない」のです。

歩きを観る

骨盤のローリングをご理解いただいたところで、昔の武士の歩き方に多少ふれておきます。テレビなどの時代劇を観て、若い俳優さんが侍に扮して歩いている姿を見ていると、なんとなく不自然さを感じてしまいます。歩き方が侍らしくありません。左の腰に差している刀が前後に振られてしまっているのです。侍は和服を着て左腰に二刀差していました。現代人の歩き方では骨盤がローリングしすぎて刀が前後に大きく振れてしまうのです。

故黒澤明監督は映画の撮影で演技者に侍の歩き

方を指導したそうです。代表作「七人の侍」には、まだ若いころの仲代達也さん・宇津井健さんが通行人役で登場していますが、侍の歩き方ができなくて何十回も撮りなおしたというエピソードが残されています。監督は「腰を落とし気味にして胸を自然に張り、からだ全体を腰から前に押し出すように歩け」と指導したそうです。侍の「歩き方」は、骨盤がローリングすることなくほぼ固定するのです。

さて、骨盤が固定するとはどういうことでしょうか。骨盤がローリングしない場合、着地脚側の股関節にはどのような力がかかっているでしょうか。例えば、左足が接地し右足が前方に振り出される局面では、ローリングの法則により右腰（右の骨盤）が前方に動きます。このとき、骨盤がほぼ固定されるためには、反対側の左腰が前方に押し出される必要があります。骨盤を固定させての歩行を試みると、腰や胴体を固める意識を持つ方

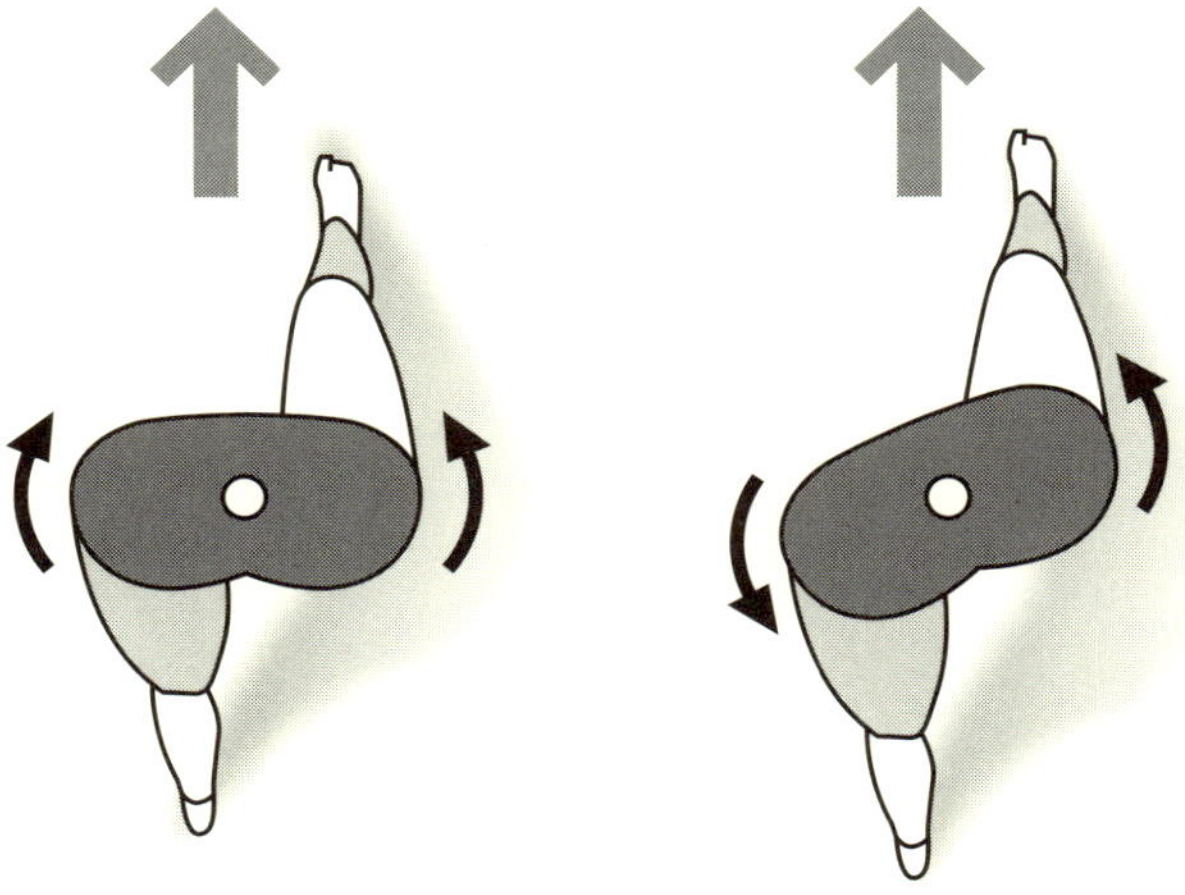

図7-1　歩行と骨盤の固定

が多いようです。しかし、そうすると骨盤は固定されません。股関節を十分に機能させ、着地脚側の骨盤が押し出されることによって、結果として骨盤が固定する（固定するように見える）のです（図7-1）。

このことを知っておくと動作の理解が容易になります。目に見える動きと「力の方向」は異なる場合が多いのです。動作を理解するときには、見える「動き」だけではなく、見えない「力の方向」をイメージする必要があります。「動き」は見ることができますが、「力の方向」は見ることができません。ですから「見る」ではなく「観る」なのです。武術などでは、「見（けん）の目弱く、観（かん）の目強く」といいます。見えない世界を見ることが大切だという教えです。

近年、骨盤のローリングを抑えてからだ（体幹）を捻らないことが合理的な動きにつながると考えられるようになってきました。ローリングの法則は歩きだけではなく、走りやスポーツなどの動作にも当てはまります。「力の方向」をイメージするとともに、すでに紹介した歩隔・シューズ（踵の高さ）・つま先（膝）の向きを試行錯誤してみてください。スポーツなどの動作が劇的に変わることがあります。

最近、ウォーキングがブームになっています。すでに述べましたが、それらは健康維持やダイエットが目的であるため「腕を張って腕を振る」というようなエネルギー消費量が多い「歩き方」が推奨されています。そして、私たちはそれらを「正しい歩き方」であると「錯覚」している場合が多いようです。確かに、エネルギーを消費するための歩き方としては「正しい」といえるのかもしれません。しかし、現在でも歩く目的は多岐にわたっています。例えば、移動手段として歩きをとらえれば、逆にエネルギー消費が少ない歩き方が

「正しい」といえるのです。つまり、歩き方はその目的によって異なるのです。

　スポーツなどの動作の基礎が歩き方にあるとすれば、それぞれの競技に適した歩き方があると思われます。逆に、それぞれのスポーツの動作から適した歩き方を工夫する必要があるのかもしれません。

錯覚⑧ 一直線上を走ると速い？

走りと骨盤のローリング

前章で歩きと骨盤の水平回転（ローリング）についてみてきました。ここでは同様に、走りとローリングについて取り上げることにします。短距離を走ることをイメージしてみましょう。左右の足をどのように運ぶ（踏む）と速く走れると感じていますか。一直線上を踏んでいくと速く走れるとイメージしている人が多いのではないでしょうか。私自身もそのように考え、体育教師として教えてきました。しかし、一直線上を走ったほうがいいというのは「錯覚」です。多少歩隔をとったほうが合理的な走りになるのです（「歩隔」については前章をご覧ください）。

なぜ、一直線上を走ると速いとイメージしてしまうのでしょうか。それは、ヒトの進化と関係がありそうです。ヒトは進化の過程で四足歩行から二足歩行に移行したと考えられます。そのとき、まず立つことが優先されました。立っているときに、私たちの身体の重心は、おへそあたりのからだの中にあります。その重心から地面（床）に垂線を下ろし、その交点が両足がつくる支持面の内側にあれば倒れません。そして、最も安定して立つというのは、支持面の真ん中（中心）に垂線が落ちる場合です。人間は無意識のうちに非常に敏感に重心を感じとることができるのです。これは四足歩行をする動物よりも優れた感覚です。

つまり、私たちが無意識のうちに優先させている感覚は、動くための感覚ではなく、安定して立つための感覚なのです。そして、歩行や走行では無意識に振り出した足を重心の真下に接地させようとすると考えられます。このような動作は、歩行ではそれほど問題にはなりませんが、走行では大きなロスになる場合があるのです。

前章のローリングの法則を思い出してください。足を重心の真下に接地させ、一直線を歩行すると骨盤が大きく水平回転（ローリング）することを述べました。走行でも同様の法則が成り立ちます。走行は歩行に比べては足幅も広くなりますので骨盤のローリングも大きくなります。そのために、十分に骨盤の回転を補償することが必要となってきます。例えば、走行中に左足が接地しているとします。そして、右足が前方に振り出されているとしましょう。この局面では、右腰が前方に動く

写真8-1　一直線上を走る（写真提供：ベースボールマガジン社）

ように回転します。上から見ると反時計回りのトルクが発生することになります。補償作用がなければからだは左に回ってしまいます。そこで、反対側の左腕を前方に振り込んだり、左肩を押し出したりして左回りのトルクを補償して（打ち消して）いるのです。

　このような走りをイメージしてみてください。体幹（胴体）を大きく捻りながら走っていることが分かると思います。そして、左右の足を振り出すたびに体幹を捻り戻さなければならないために、とてもロスのある走法であることが分かります（写真8-1）。とくにラグビーやサッカーなどのように手でボールを保持したり、急激な方向転換を必要とする走りでは非合理的であることが分かると思います。

　そこで、骨盤が大きくローテーションしない走りが必要になってきます。それが、一直線上を走るのではなく、二直線上を走る方法です。両足の歩隔をほぼ骨盤幅に保ったまま、両足が二直線の上を通過します。実はこの走りは生まれながらの自然な身体操作ともいえるのです（図8-1）。幼児

図8-1　一直線上と2直線上を走る

の走り方を観察してみてください。体幹を捻って一直線上を走っている子供はいないことに気づきます。しかし、脳が発達するとともに、からだに安定を求めるためか、また大人の走歩行を真似するためか、徐々に一直線上を走るようになります。

遊脚が軸になる

それでは実際に歩隔を広くして走ってみましょう。歩隔を確保しての走りをトレーニングするときには、注意することがあります。次の二つの方法を試みてください。まず、地面に骨盤幅程度の二直線を引いてください。体育館などの板目を利用してもけっこうです。そして、その二直線上を左右の足が踏むように走ってみましょう。次に、一直線をまたぐようにして同様に走ってみましょう。

二直線上を左右の足で踏む走りと一直線をまた

写真8-2　一直線上をまたぐ（写真提供：ベースボールマガジン社）

ぐ走りでは、動作の感覚が違ってきます。一直線上を踏む走りは、意識が着地脚に残ります。一方、一直線をまたぐ方法は自然に振り出される側の脚（遊脚）が意識され、そちらに重心が移動していく感覚が生まれます。この動作を「遊脚が軸になる」といい、その感覚を「遊脚感覚」または「またぐ感覚」といいます（写真8-2）。

この「遊脚が軸になる」動きと感覚は、走りだけでなくさまざまなスポーツでみられます。サッカーのキック動作についてみてみましょう。Jリーグ創設期、外国から来たコーチや選手は、盛んに「なぜ、日本人選手はキックの後に止まるんだ」と言ったそうです。日本人選手には、もちろん止まるつもりはありません。その原因の一つは、キックの際の立ち足の位置にあると考えられます。日本では、ボールの真横に立ち足を置くことが基本とされています。子供のころから、そのように指導されることで、自然に立ち足に意識がある動きと感覚になると思われます。

実際のプレーでは、立ち足とボールの位置はさまざまですが、このボールのほぼ真横に立ち足を置くという意識が、外国人コーチや選手が指摘した「キックの後に止まる」動きを生み出していたのかもしれません。立ち足ではなく、蹴り足をボールに合わせる意識を持たせることで改善すると考えられます。それによってキック時に遊脚（蹴り脚）に体重を乗せる感覚が生まれます。欧州の著名なクラブチームに留学経験のある選手から、コーチが盛んに「ホップしろ」と言っていたとお聞きしました。ボールを蹴った後の立ち足を「ホップ」させろというのだそうです。「ホップ」とはケンケンの要領です。立ち足をホップさせることで遊脚（蹴り脚）に素早く重心を移動させる動作や感覚を養わせていたのかもしれません。

また、カヌー競技のカヤックをご存知でしょうか。テレビなどでご覧になっていると思います。

カヤックのパドルには、ロッドの両側にブレードがついています。その場でカヤックの動きを再現してみてください。そのときの重心移動はどうでしょう。多くの方は、着水しているブレード側に重心があると思います。しかし、トップ選手の重心移動はほぼ逆になるのです。着水しているブレードの反対側に重心がシフトします。

写真8-3　カヤック競技

写真8-3をご覧ください。見事な重心移動がみてとれます。カヤックは着水側のパドルを引いて進むのではないのです。反対側の空中にあるパドルを押して進むのです。まさしく「遊脚が軸」といっていいでしょう。

外旋着地

さて、話を走りにもどしましょう。一直線をまたぐようにする「遊脚が軸になる」走りには、さらに習得したいコツがあります。それが、「外旋着地」です。走るときのつま先の向きを確認してみましょう。着地足のつま先です。スポーツ選手の着地足を観察すると、実にさまざまな方向を向いています。しかし、すでに「錯覚3」でも取り上げましたように本来の股関節の機能が保持されていれば、「外旋着地」することが理想です。なぜ「外旋着地」がいいのでしょうか。

効率の良い走りのためには、骨盤がローリングしすぎないことが大切だと述べました。骨盤がほぼ固定されれば、腕や肩でローリングを補償する無駄な動きをしなくていいからです。前章の歩行でも触れたように、骨盤のローリングを抑えるためには、歩隔を確保するとともに股関節を外旋させることが大切です。走歩行は、からだを正面に進めるのですから、着地足を「外旋位」にすることによって股関節の外旋力を使い、同側の骨盤を押し出すことができるのです。

また、外旋着地させることによって何が起こるかというと、遊脚側の骨盤が低くなります。「遊脚感覚」また「またぎ感覚」によって、遊脚に重心が移動し「遊脚が軸になる」と述べましたが、そのためには遊脚側の骨盤が低くなることが大切です。そのことによって、重心が前方にスムーズに移動します。しかし、逆に遊脚側の骨盤が高いと、着地脚で地面を後方に蹴らなければなりません。

着地足側の外旋によって、反対側（遊脚側）の骨盤が低くなることを確認してみましょう。両足のつま先をやや外に向けて立ってください。そして、片足立ちになりましょう。誰かに支えてもらったり、手すりなどにつかまってもけっこうです。そして、着地脚（立ち足）側の膝を外や内に向けてみてください（写真8-4、8-5）。

着地脚の膝を外に向けると反対側の骨盤が下がり、内に向けると上がる傾向にあることが確認できると思います。つまり、外旋着地によって、さらに効率のより走りが導かれるのです。

さて、外旋着地がよいと聞いてすぐに試みる方も多いのですが、外旋着地によって効果を上げるためには条件があります。まず、股関節の機能が正常で可動域が確保されていることです。可動域が確保されずに無理に外旋着地を試みると、外旋

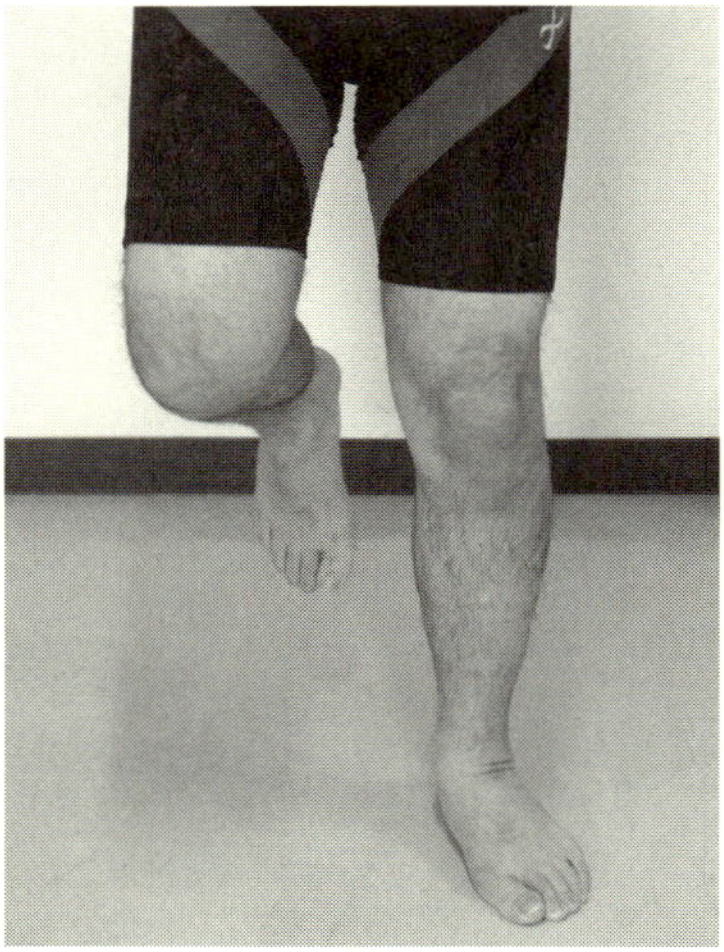

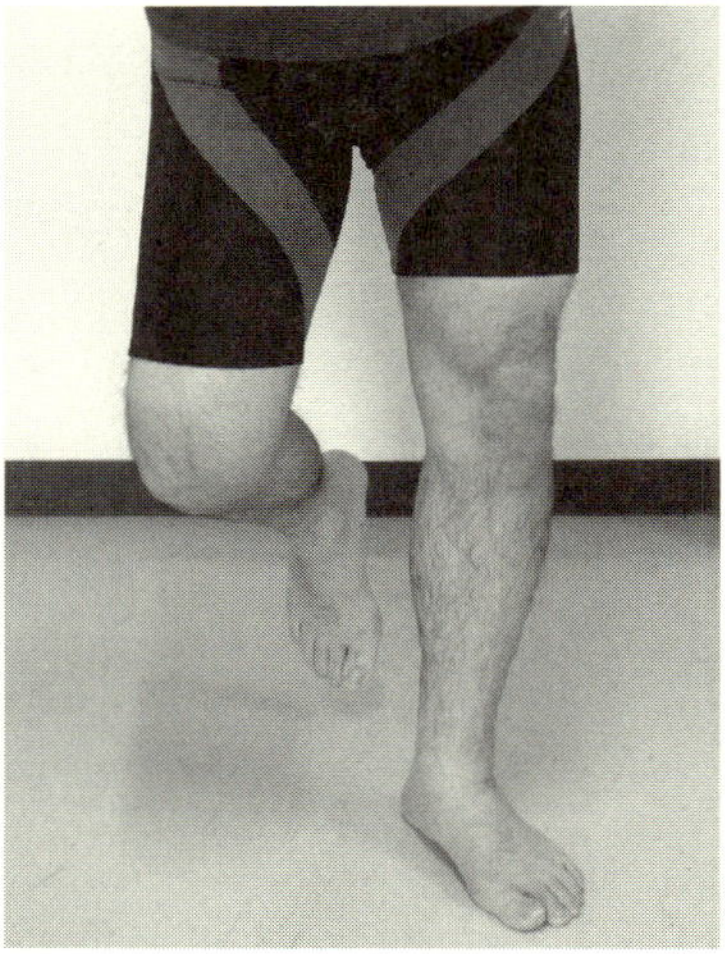

着地足の膝の向きに注目、膝頭が外を向くと遊脚側の骨盤が低くなる

写真8-5　着地足内旋　　写真8-4　着地足外旋

力ではなく、逆に内旋力が作用して逆効果になってしまいます。日ごろから十分に股関節のストレッチやトレーニングで可動域を確保しておきましょう。さらに重要なのが足部の状態です。詳細は省きますが、現代人の多くは、必要以上に幼少時からシューズを履いたり、また女性はハイヒールを履くために、足部の骨の位置関係が崩れ、過剰回内（オーバー・プロネーション）の状態になっています。本来、足部が正常であれば、着地直後に足関節は一瞬回内しますが、その後すぐ回外し、小指側（アウトエッジ）に足圧がかかります。すると、股関節の外旋を促し体幹がスムーズに前方に運ばれてきます。しかし、過剰回内の状態では、下腿が内側に倒れこんで、アウトエッジに足圧がかからないため、股関節は外旋しにくいのです。股関節と足部が正常に機能することによって、外旋着地の効果が十分に発揮されるのです。

同側感覚

「その場で走っているところを表現してください」とカメラを向けられたら、どのようなポーズをとりますか。私の経験では8割くらいの人が同側の手足を前に出します。先日、学生3人に、何も言わずに同じようにポーズをとってもらいました。写真8-6をご覧ください。3人とも見事に同側の手足を前に出しました。

このポーズ、何か変だと思いませんか。普段、私たちが走るときには同側の手足を前に出しません。右足と左手、左足と右手をほぼ同時に同方向に動かします。しかし、走る動作を止まって表現すると、右手が前にあると、左足が右足の前方ではなく後方に位置するのです。実は、このポーズこそ私たちが共通して持っている大切な動作感覚なのです。確認してみましょう。

右足を前、左足を後ろで前足の右足に体重をか

写真8-6　走るポーズ

けて立ってください。右自然体です。そして、最初に右手を前、左手を後ろでポーズを取ってくだ

写真8–7　右自然体で右手が前

写真8–8　右自然体で左手が前

さい（写真8-7）。次は、逆に左手を前、右手を後ろで手足が交差するようにしてください（写真8-8）。何回か繰り返してみましょう。どちらが安定するでしょうか。右手前、左手後ろのほうが安定します。つまり、私たちのからだは、同側の手足が前にあるほうが安定するのです。言いかえると、体重が乗っている側の腕が自然に前方に押し出されようとします。

　この法則を「半身動作の法則」といいます。重心がかかった側の半身全体が前に移動しようとするのです。相撲の押し突きや空手の突きなども同じ原理です。そして、走動作も例外ではありません。着地脚側の腰・腕が前方に押し出されます。実際にトップ選手のフォームには、着地脚側の腰が前方に鋭く押し出される動きが見られます（図8-2）。そして、同時に腕も前方に振り込まれます。この感覚を「同側感覚」といいます。

長い間、一直線上を走ることが良いといわれてきました。しかし、現在では走りに限らず、体幹が捻られない動作が合理的であると考えられるようになってきました。一直線上を走ると速く走れそうですが「ローリングの法則」により、必要以上に体幹が捻られてしまうのです。

まず、歩隔をとる二直線走行により体幹を捻らない走りの基礎をつくります。さらに遊脚を意識する「またぎ感覚」、着地脚の膝が外に向く「外旋着地」、さらには左右の半身を交互に押し出す「同側感覚」により合理的な走りが完成します。体幹を捻らない走りは、さまざまなスポーツや競技で応用できます。挑戦してみましょう。

図8-2　歩行と骨盤の固定

錯覚⑨

地面を蹴るから体が動く？

屈曲動作

近年、「合理的身体操作」という言葉をよく耳にします。それは、どのような動きのことなのでしょうか。私たちが動作するときに使用している「力」とは何でしょうか。

まず、思いつくのは「筋力」です。私たちは、「筋力」を発揮すればするほど強い力が出たり速く動けると感じています。「筋力」を「内力」ともいいます。からだの内側から出される力という意味です。しかし、実際には常に働いているもう一つの「力」が存在します。それは「重力」です。地球（地面）が私たちを引っ張る力です。「外力」ともいいます。私たちは「内力」と「外力」を使って動きます。「外力（重力）」は生まれてから常に私たちに作用していますから、その存在を忘れがちになっています。

簡単な動きでそのことを確認してみましょう。両足を肩幅くらいに開いて立ってください。1メートルくらい前方の地面（床）にラインを引きます。ラインでなくても何か目印をつけてもけっこうです。左右どちらの足からでもいいのですが、一歩でそのライン（目印）までからだを運んでください。つまり、一歩で1メートル前進します。どのように前進するでしょうか。

このときに大雑把に言えば、二つの動き方があ

写真9-1　内力（筋力）を使った前進

ります。まず、1メートル先まで跳んでみましょう（写真9-1）。どちらかの足で地面（床）を蹴って前進します。跳び上がるようにして「外力（重力）」に逆らってからだを持ち上げます。

次は、立ったまま前に倒れてみましょう。からだを前傾させます。そのときに両足の踵（かかと）を上げないでください。踵を接地したまま前に倒れていきます。そして、これ以上前傾ができないところまで倒れたら、どちらかの足を前に踏み出してください（写真9-2）。

いかがでしょうか、それぞれの体感を比べてみてください。跳び上がる前進は主に「内力（筋力）」を使います。からだを前傾させる方法は、ほとんど「内力（筋力）」を使用せずに「外力（重力）」を使います。全く異なる感覚だと思います。「合理的身体操作」とは、このように可能なかぎり「外力（重力）」を使用する動きのことです。しかし、からだを前傾させる方法は、「外力（重力）」

写真9-2　外力（重力）を使った前進

を使う最も初歩的なものです。走りなどの連続動作では使えますが、素早い方向転換などを含む動きでは使えません。「外力（重力）」を使う動きを知るための導きになるものと理解してください。

さて、ここで取り上げた二つの前進の仕方について、少し違う観点で考察してみます。これらの動作を立ち足（脚）の膝関節の動きでみていきましょう。もう一度、膝関節の動きを意識しながら動いてみてください。まず、跳び上がるようにして主に「内力（筋力）」を使って一歩前に出る動きは、膝関節を屈曲させた（曲げた）後、伸展させながら（伸ばしながら）動いています。一方、「外力（重力）」を利用した前進は、膝関節を伸展させたまま倒れこみ、その後屈曲させながら動きます。同じ一歩で1メートル前進するのですが、膝関節の動きが全く異なります。前者を「伸展動作」、後者を「屈曲動作」ということにします。

「伸展動作」は関節を伸展させながら動こうとし

ます。つまり、床や地面を蹴って動こうとするのです。

「屈曲動作」は蹴るのではなく、逆に関節を屈曲させて、からだを「外力（重力）」に引っ張らせるようにして動きます。

踵はアクセル、つま先はブレーキ

皆さんは「伸展動作」と「屈曲動作」のどちらで動いていますか。現代人は膝関節を伸ばして地面を蹴る「伸展動作」で動いている人が圧倒的に多いのです。そして、「伸展動作」で動こうとする人は、常に足裏の拇指球あたりに足圧をかけようとします（図9-1）。膝関節を伸展させるとともに、拇指球付近で地面（床）を蹴って動こうとするのです。そのために、動作前の準備姿勢などでも、常に拇指球や前足部（足裏の前の部分）に足圧がかかっている人が多いかもしれません。

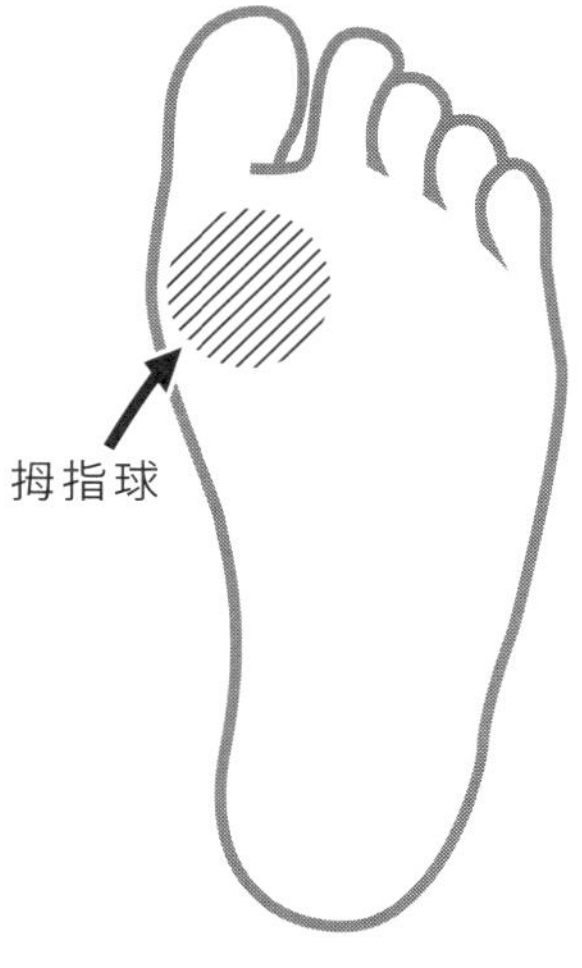

図9-1　拇指球の位置

しかし、「屈曲動作」で動けるようになると、足裏全体を使うようになります。実際に動いて確認してみましょう。ここでは片足立ちから動いてみます。左右どちらの足でもけっこうです。片足立ちになってください。そして、先ほどと同様に1メートルを一歩で進みます。最初は「伸展動作」で動いてください。立ち足側の膝を曲げて、その後伸展させながら一歩前に出ます。足裏を意識してください。拇指球あたりに足圧を強く感じます

写真9-3　片足立ちから一歩出る・伸展動作

（写真9-3）。次は、膝関節を伸展させた状態から屈曲させて一歩前に出てみてください。からだを前傾させないようにします。とても難しく感じるかもしれません。それは、「伸展動作」と同様に、拇指球付近で蹴って前進しようとするからです。浮いている足を前方に振り込むと同時に、立ち足（脚）の膝を一瞬曲げてみましょう。ぱっと膝を抜くようにします。そのときに、拇指球で蹴るのではなく踵で支えるようにしてください。すると、スムーズにからだが前進します。何度か繰り返してコツをつかんでください（写真9-4）。

「屈曲動作」では、前進するときには踵で地面を踏むことが大切なのです。例えば、バスなどに立って前を向いて乗っていると想像してください。急ブレーキがかかるとします。さて、足裏のどの部分で踏んばるでしょう。拇指球付近です。

それでは、静止していた乗りものが急発進したらどうでしょう。この場合は、踵でからだを支え

写真9-4　片足立ちから一歩出る・屈強動作

ます。拇指球に体重をかけることは、本来からだの前進を止める操作なのです。逆に、踵で支えることによってスムーズに前進します。つまり、動く方向から最も遠い足裏の部位で支えることが合

アウトエッジを使う（バスケットボール）
写真9-5　右足アウトエッジで支えて左へ移動する

理的な動作につながります。前進するときは踵、後進するときはつま先です。

　この法則は、左右に動くときにも同様です。立位から右足を一歩右に移動させるときには、左の足裏の小指側（アウトエッジ）、左足を左移動させたいときには、右のアウトエッジで支えます。立ち足側の膝をすばやく屈曲させることは言うまでもありません。（写真9-5）

履物と「屈曲動作」

　さて、現代人は「伸展動作」で動いている人が多いと述べました。しかし、「屈曲動作」は武道や武術にある伝統的な動き方です。さらに、32頁の「踵文化」でも取り上げましたが、日本人は本来、踵を接地させることが得意な民族だったのです。なぜ、現代人は「屈曲動作」を忘れてしまったのでしょうか。それは、履物の影響が大きいと考えられます。ここでは、履物と「屈曲動作」についてみていきましょう。

　日本人と欧米人とでは歴史的に履物に関して決定的な差異があります。欧米人は２０００年以上

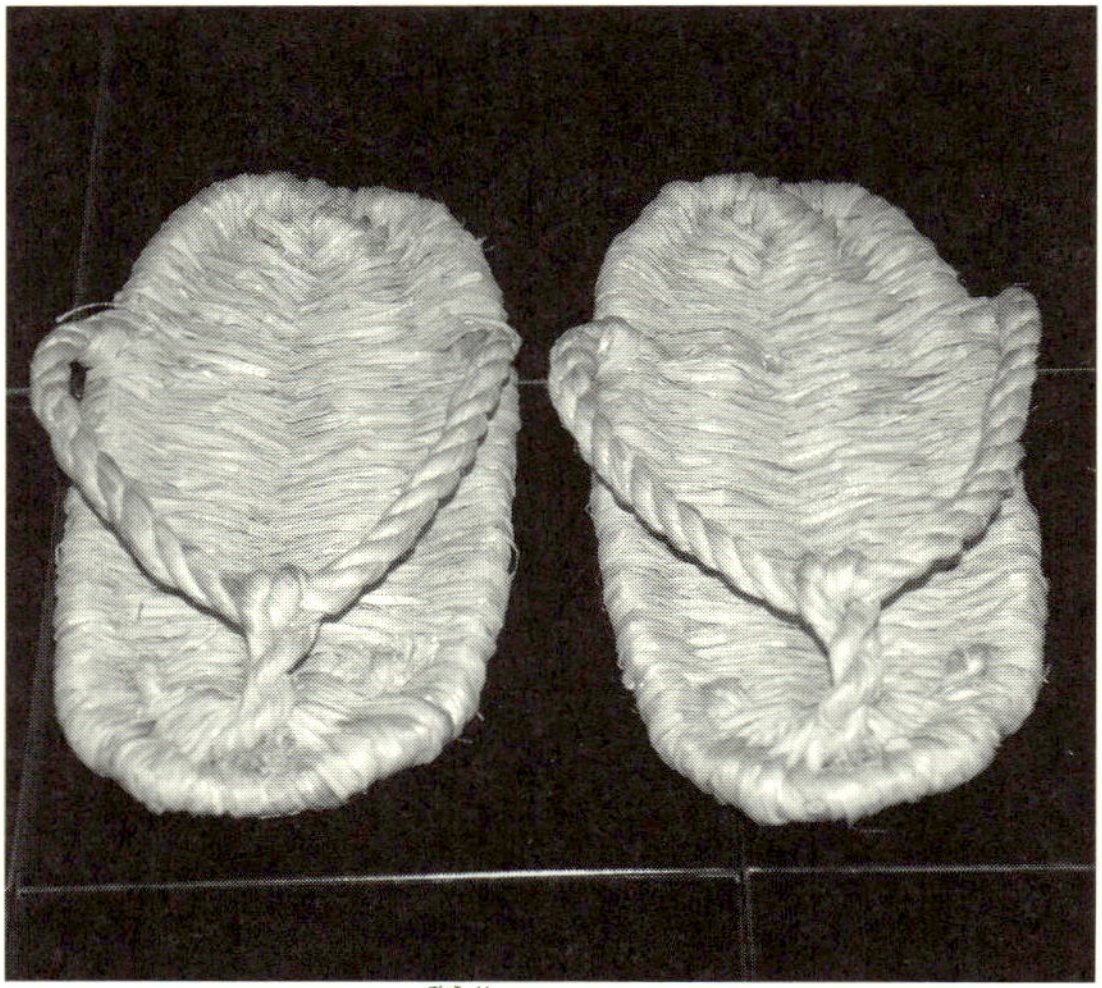

写真9-6　草履《ぞうり》（日本はきもの博物館）

の靴着用の歴史があるに対し、一般的な日本人の靴着用期間は100年もありません。長い間、日本人は草履・草鞋・下駄などを常用してきました（写真9-6、9-7）。ご存知のように、これらの履物には鼻緒があり、足の第一趾（親指）と第二趾（人差し指）でその鼻緒を挟むようにして履きます。また、草鞋は足趾（足の指）の部分に台座がありません。足趾が台座からはみ出した状態なのです。

写真9-7　草鞋《わらじ》（日本はきもの博物館）

さて、これらの伝統的履物が歩行や動作にどのように影響してきたのでしょうか。これまで、草履・草鞋などを履くことによる動作特性は、つま先に荷重することであると考えられてきたようです。例えば、野村雅一氏は、『身ぶりとしぐさの人類学』（1996、中央公論新社）の中で次のように考察しています。

歩くとき、ヨーロッパ人などは両足の拇指球（親指の付け根）に交互に重心をかけていくが、日本人は一般に足先の親指に力を入れて、履物を足の先でつっかけるようにして進む。草履や下駄の鼻緒はそうしてはじめてしっかりとしまるわけであり、また日本人がスリッパやつっかけなどを好んで履くのも、そんな歩き方をかんがえるともっともなこととおもわれる。拇指球に重心をかけて歩く西洋人にはスリッパは脱げやすいし、踵から足をだすから、履物はたとえスリッパのようなものでも踵がしっかりしていないと歩きにくいのである。反対に、親指でふんばるようにして歩く日本人は、履物の踵の部分がほとんど役にたたず、むしろ草履でもスリッパでもすこしでも長すぎると、はいて歩くとパタパタという不愉快な音を響かせることになるわけだ。

また、「ナンバ」を広めた武智鉄二氏も、

考えてみれば、日本人の履物は、草履でも下駄でもあとがけがない、これは爪先で足裏をかえす歩様と、決して無関係ではないのである。また、日本人が愛する西洋式の履物は、スリッパやサンダルで、靴を履くと足の疲れを覚えやすいのも、あの重い履物を、一足ごとに、ひっくりかえしながら運ぶせいであろう。

（『伝統と断絶』（1969、風濤社）

と述べています。

また、「足半」という履物をご存知でしょうか。「足半」と書いて「あしなか」と読みます。「足半」はかかと部分がない草履です（写真9-8）。

「足半」の歴史は古く、鎌倉時代に書かれた『源平盛衰記』の中で紹介されており、さらに『蒙古襲来絵詞』には、武士が「足半」を履いている姿がみられます（写真9-9）。武士が日常的に好んで履いたとされています。その後、農民や漁民も着用しました。江戸時代までは、一般的な履物でした。

最近、この「足半」にヒントを得た商品が出回っています。「健康スリッパ」または「ダイエットサンダル（スリッパ）」などの用語をインターネットで検索してみてください。踵部分がないスリッパやサンダルが多く紹介されています。皆さんは、使用したことがありますでしょうか。これらの使用方法には、踵を浮かせたまま、つま先立ちで立ったり歩いたりすると記されています。武智氏も「足半」について、

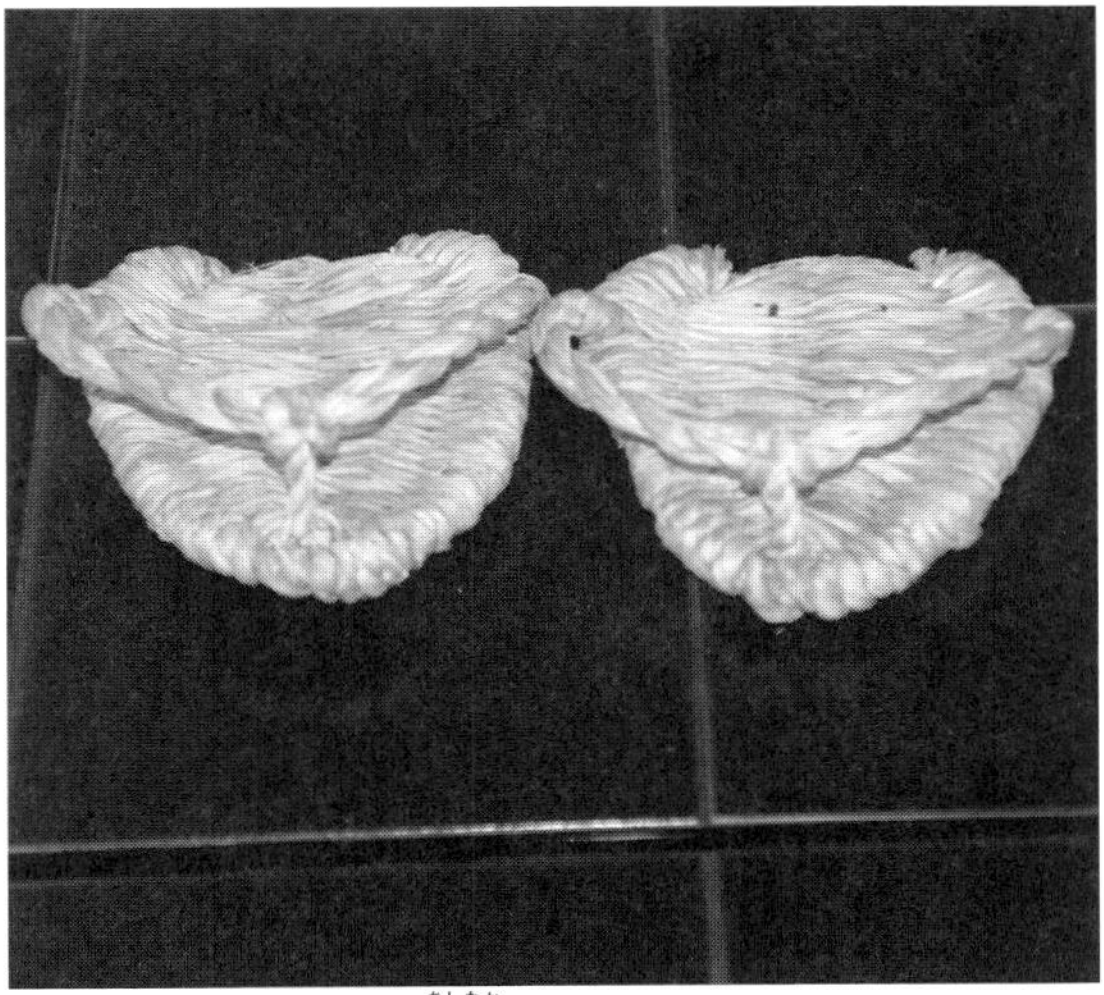

写真9-8　足半《あしなか》（日本はきもの博物館）

写真9-9　蒙古襲来絵詞（九州大学附属図書館所蔵）

踵のないこのような履物の存在は、爪先で地面をけるようにして歩く日本人の歩行様態をよく反映しているといえる。

(『伝統と断絶』1969、風濤社)

と述べています。つまり、これらの伝統的履物の特性から生じる歩行や動作は、拇指球よりもさらにつま先に荷重するととらえられてきたようです。しかし、このような見解は、足趾が屈曲し、さらに履物の構造上台座から踵部が離れるため、誤解されて観察されたのだと思います。また、それらを実際に着用した際に足趾が屈曲し、とくに第一趾に強い「荷重感」があるために、そのように「錯覚」したものと考えられます。

私は異なる見解を持っています。

日本の伝統的履物には「鼻緒」があります。「鼻緒」があることから現れる動作特性は、第一趾と第二趾によって「鼻緒」を「はさむ」もしくは「つまむ」ことです。そして、「鼻緒」を「はさむ」または「つまむ」ということは、第一趾と第二趾を屈曲(底屈)方向に動作させることです。草鞋のように足趾部分に台座がないことも、地面を「つかむ」ように足趾を屈曲(底屈)させやすくなるのです。

さて、このことによって何が起こるかというと、つま先ではなく踵に荷重しやすくなるのです(写真9-10)。実際に試してみましょう。素足のまま立っ

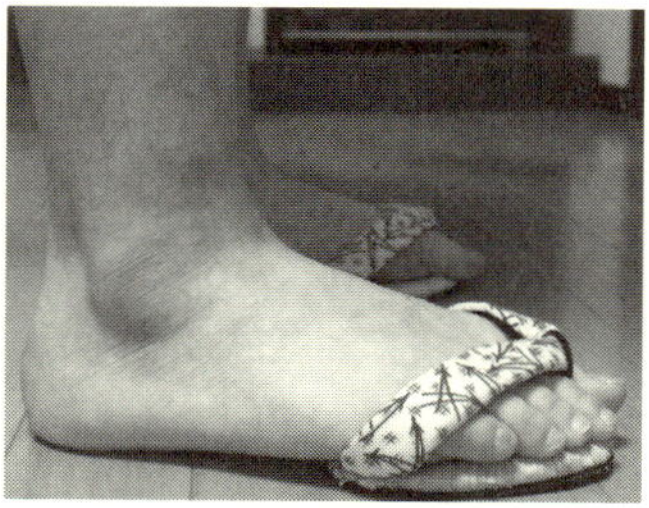

写真9-10 (写真提供 足半屋)
http://www.asinaka.jp

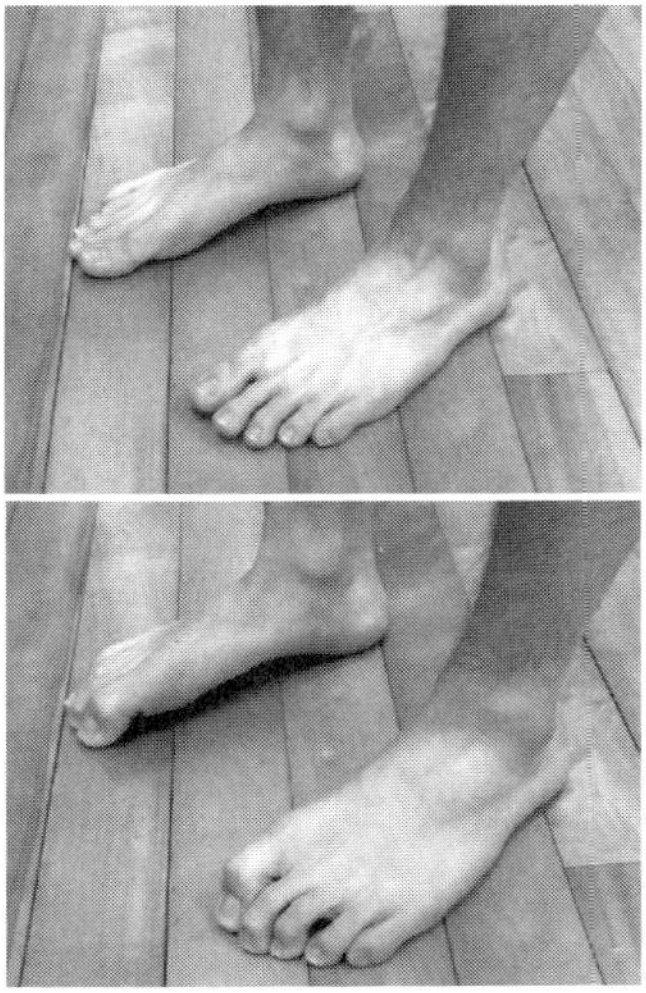
写真9-11　足趾を屈曲させる

てみてください。そして、足趾を屈曲（底屈）させてみましょう。第一趾と第二趾の間に何か挟んだほうが分かりやすいかもしれません。いかがでしょうか、つま先ではなく踵に荷重したほうが足趾の屈曲（底屈）が容易だと思います（写真9-11）。

　つまり、日本の伝統的履物を着用した場合の動作特性は、爪先に荷重することではないのです。日本の履物情報に詳しい広島県福山市の「日本はきもの博物館」の解説にも、「足半」について

> 足の長さの半分程の台で前緒を結んだ草履で、指や踵が直接地面につくため、踏ん張りがきく。鎌倉時代には戦場ではかれたといい、畑仕事や岩場の魚取りなどに用いられていた。

とあります。素早く動くときには、踵をつけないこともあったでしょう。しかし、「足半」に象徴される日本の伝統的履物から考察される動作特性は、踵に荷重することなのです。

　では、台座の踵部がない「足半」が出現したのはなぜでしょうか。

　普通の草履などを履いて歩きますと踵部が浮きます。履物の踵部が浮いて、足の踵をペタンと叩きます。足から見ると、履物のこの動きは邪魔になります。また、草鞋には台座の踵部分を止める「返し」があって、紐を通して踵に固定します。踵

と草鞋の踵部が密着する構造になっていますが、踵部があると足と台座の間に砂利や草が挟まって、邪魔になったと思います。さらに、当時の履物は耐久性に乏しく、一度の長旅や戦で何足も履きかえていたものと考えられます。そのために、不要な部分をそぎ落として、もち運びに便利な形態にしたのではないかと推測されます。

さて、踵に荷重するとは、どういうことでしょうか。それは、足関節（足首の関節）が屈曲傾向にあることを意味します。ハイヒールを履いた足関節を想像してみてください。踵が高くなるほど足関節は伸展します。一方、草履などの踵が低い履物では足関節が屈曲します。そして、ここが重要なのですが、足関節が屈曲すると膝関節も屈曲傾向になるのです。言いかえると、膝を屈曲させて動く「屈曲動作」は足関節の屈曲とワンセットなのです。

これは神経系の流れからみても同様です。膝関節と足関節の屈曲は、どちらも坐骨神経の支配下です。つまり、日本の伝統的履物から導き出される動作特性こそ「屈曲動作」と考えられるのです。明治後半以降、日本人は靴を履くようになりました。靴のソールは、一般につま先より踵が高くなっています。そのために、日本人は徐々に「屈曲動作」が苦手になり、膝関節や足関節を伸展させて動く「伸展動作」に頼るようになったと考えられます。

さて、草履（ぞうり）・草鞋（わらじ）・足半（あしなか）というような日本の伝統的履物から動作について考察してきました。日本の武道（武術）は、踵を接地させ足関節や膝関節を屈曲させる動作方法を用いていました。しかし、明治期以降、それらの「屈曲動作」は徐々に姿を消し、地面を蹴ることによって動く「伸展動作」が主流となったと考えられます。皆さんが、拇指球に足圧を感じたり、また欲しているのであれば「伸展動作」で動いていると考えられます。日本人の伝統的身体操作である「屈曲動作」を見直し、スポーツの動作にも取り入れてみましょう。

錯覚⑩ 重心は上下動しないほうがよい？

「荷重」と「抜重」

皆さんのなかには、専門の競技などにチャレンジされている方も多いと思います。ご自分の動きをイメージしてみてください。動作をするときに、重心を上下動しないほうが効率的だと考えている方が多いのではないでしょうか。私自身も動作を勉強するまでは、そのように考えていました。可能なかぎりからだが水平移動する、つまり、重心が上下動しないように動くことが効率的であると思っていました。

しかし、スポーツや武道（武術）などで効率よく動くためには、上手に重心を上下動させることが必要なのです。なぜ、重心の上下動が必要なのでしょうか。

ここで皆さんに質問をします。立って体重計に乗っているとします。想像してみてください。その状態から、しゃがんで立ち上がるとします。さて、体重計の針はどのように変化するでしょうか。図10-1から選んでみましょう。

正解は②です。まず、理解しておきたいことは、重心を上下動させると自分の体重が変化するということです。体重が変化するという言葉には語弊があるかもしれません。自分のからだが地面（床）を押す力が変化するのです。静止状態から膝を曲げてしゃがむと最初に体重計の針は低い値に振られます。言い方を変えると体が軽くなります。そしてしゃがんで切り返すときに最も大きな値を示します。上下動の速さにもよりますが鋭く切り返すと自分の体重の2倍ほどの値を示します。そして、立ち上がりとともに数値は低くなり、静止する直前にまた自体重よりも低い値を示します。このように重心の上下動は地面（床）を押す力を変化させているのです。

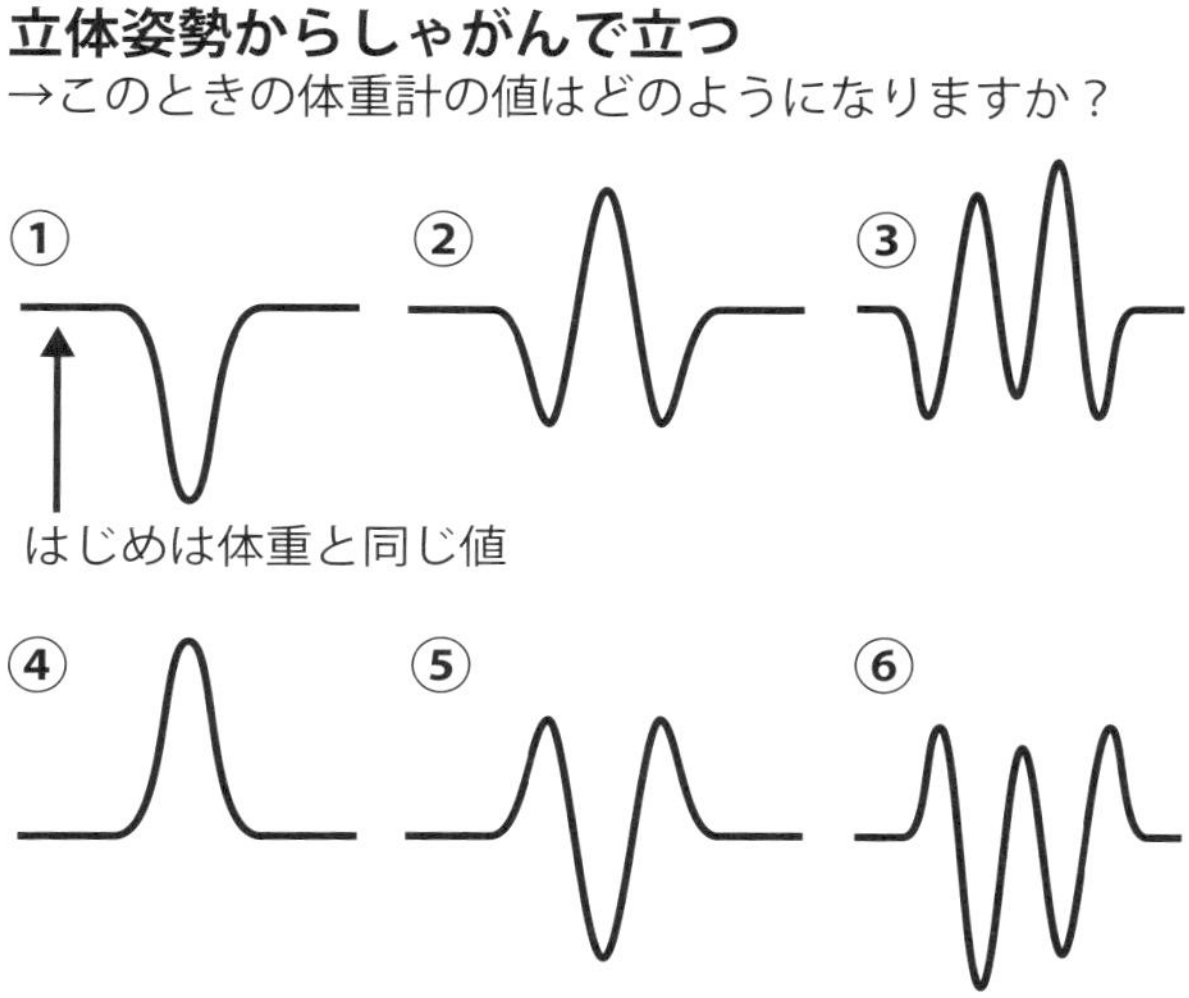
立体姿勢からしゃがんで立つ
→このときの体重計の値はどのようになりますか？
①
②
③
はじめは体重と同じ値
④
⑤
⑥

図10-1　体重計の数値を摸式化した図

　自体重を地面（床）に加えることを「荷重」、そして減少させることを「抜重」といいます。「荷重」と「抜重」は競技によってはよく聞かれる用語です。スキーやスノーボードでは「荷重」と「抜重」は基本です。伸身しながら「抜重」してエッジを切りかえたり、屈身して「荷重」しながら方向を決めたりします（写真10-1）。スキーやスノーボードは「荷重」と「抜重」のスポーツといって過言ではありません。また、二輪車のライディングでも「荷重」と「抜重」は大切な要素となっています。コーナーワークではスキーなどと同様な操作がみられますし、「抜重」によってブレーキングの効率を上げたりしています（写真10-2）。

写真10-1　スノーボードのターン
実業之日本社　Snowborderより　rider：稲川光伸　Photographer：甲斐啓二郎

写真10-2　コーナーで立ち上がり抜重をつかって軸を入れかえる
（和歌山利宏）

「荷重」で動く

重心の上下動と「荷重」・「抜重」についておおよそ理解していただけたことと思います。それでは「荷重」と「抜重」について詳しくみていきましょう。まず、「荷重」についてです。少し動いてみてください。次の、二つの方法で垂直とびをしてみてください。まず、膝を90度以上曲げて静止してください。その状態からできるだけ高く跳んでみましょう。できれば壁かなにかに到達点の印をつけるといいでしょう（写真10-3）。次に、膝を伸ばした状態から素早く膝を曲げて跳び上がってください（写真10-4）。どちらが高く、そして楽に跳び上がれたでしょうか。素早く膝を曲げて跳び上がるほうが楽に跳べたと思います。なぜでしょうか。

これにはいくつかの理由が考えられます。まず、膝を素早く曲げることによって伸張反射が起こります。伸張反射とは、筋が急激に引き伸ばされたときに、その筋が反射的に収縮することです。膝を急激に曲げることで、ふくらはぎ（下腿三頭筋）、大腿四頭筋、ハムストリングス、さらには大

写真10-3　膝を曲げ静止してからの垂直跳び

写真10-4　素早い膝の屈曲から垂直跳び

殿筋などに伸張反射が起こることが考えられます。また、膝を急激に曲げることで、バネを引き伸ばしたときと同じような弾性エネルギーが得られます。もう一つは、地面（床）反力を利用することです。地面反力とは、地面（床）が私たちのからだを押し返す力です。私たちが地面（床）の上に立っていられるのは、体重と同様の力で押し返されているからです。図10-1の②のグラフをもう一度ご覧ください。膝を急激に屈曲させて伸展させる（切り返す）ときに地面には大きな力が加わっています。このことは、逆に地面（床）から同じ反力を垂直方向に受けているのです。その地面反力を利用していることを示しています。

さて、地面（床）への「荷重」により地面反力を利用する方法は多くみられます。テニスのサーブレシーブの技術でスプリットステップというものがあります。相手のサーブにタイミングを合わせて両足で軽くジャンプします。

このスプリットステップは、「荷重」による地面反力を利用する代表的な動作です。テニス史上最高のプレーヤーとも言われているロジャー・フェデラー選手は、このスプリットステップを多用することで有名です。サーブレシーブだけではなく、ほぼすべてのストロークでスプリットステップを用います。一見、ジャンプすると打球への反応が遅れそうですが、彼は「荷重」による地面反力を利用して素早く反応しているのです。このスプリットステップは、バレーボールのレシーブなど、他の競技でも徐々に取り入れられているようです。

さて、荷重による地面反力の利用は、跳び上がるスプリットステップだけではありません。跳び上がらずにいきなり重心を落下させて、膝を抜くことによっても地面反力を利用できます。膝を抜くというのは、一瞬、膝関節を曲げることです。膝を支えを外す感じで跳び上がらずに、いきなり重心を落下させます。重心の落下を上方向に切り返すときに、荷重による大きな地面反力が得られます。この一連の動きを、膝の抜きといいます。

例えば、相撲の押しを考えてみましょう。相撲をとっているとイメージしてみましょう。二人組みになって試してみてもいいと思います。四つに組んだ状態からどのようにして押しますか。膝の抜きを知らないと、膝を伸展させながら押すと思い込んで、膝関節を伸ばしながら力を出そうとします。しかし、膝の抜きを使うと直後の地面反力を利用して相手を押すことができます（写真10-5）。うまく膝を抜く（一瞬曲げる）方法をトレーニングしてみてください。同じ程度の体重の相手ならば簡単に押すことができるようになります。

また、この膝の抜きを使った押しにはもう一つの秘密が隠されています。それは、相手が押せなくなることです。例えば、こちらの押しに対して相手が押し返すことができるのは、力の方向が分かるからです。無意識のうちに相手が押してくる

写真10-5　膝の抜きを使った押し

方向に押し返しています。ところが、膝を抜いて地面反力をもらうことによって、押す力の方向が一瞬にして変化します。相手は押し返す方向が分からなくなるのです。

立ち上がり「抜重」

次は、「抜重」についてみていきましょう。バドミントンの動きを観察していると興味深いことが分かります。バドミントンにハイクリアーという技術（打ち方）があります。シャトルの落下地点に素早く入り込み、半身の状態で胸を張り、後ろ足から前足にウエイトシフトしながら、頭上のシャトルを高く遠くに打ち返す技術です（写真10-6）。

ところが、ハイクリアーは、初心者よりも上級者のほうが重心の上下動が大きいのです。上級者になるほど、後ろ足から前足にウエイトシフトするときに重心を持ち上げ両足が床から離れた瞬間に打ち返しています。このように、からだを持ち上げて「抜重」することを「立ち上がり抜重」といいます。なぜ、両足を浮かせて「抜重」して打つのでしょうか。

ハイクリヤーの動作をしてみましょう。ラケットがあれば実際に振ってみてください。何か軽い棒のようなものでもけっこうです。まず、両足を接地させたままハイクリヤーの動作をしてみましょう。次は、バドミントンの選手になった気分で、少し跳び上がって振ってみましょう。立ったままラケットを振るときと、軽くジャンプして「抜重」して振ったときの感覚を比べてみてください。「抜重」した場合のほうが、ラケットや腕を楽に振る

写真10-6　ハイクリヤー（バドミントン）

写真10-7　ウインドミル投法（ソフトボール）　清水香織投手（九州共立大学）

写真10-8　剣道の跳躍素振り

ことできるのです。

さて、「立ち上がり抜重」によってラケットや腕を振る操作は他のスポーツでもみられます。ソフトボールのピッチャーの動作を思い出してください。現在では多くのピッチャーが腕を大きく回転させるウインドミル投法です（写真10-7）。このときにも「立ち上がり抜重」を使い、腕を楽に回転させています。ほかにも、バレーボールのセッターのジャンプトスや野球の内野手のジャンピングスローなども、「立ち上がり抜重」を使っています。

また、ボクシングのトレーニングにロープスキッピングがあります。ロープスキッピングとは縄跳びです。ロープスキッピングの目的は、持久力・リズム感・フットワークの養成などと言われていますが、もう一つ忘れてならないのが「抜重」です。ロープスキッピングにより、「抜重」とパンチを出すタイミングを体得し、パンチのスピードも養成されるのです。また、剣道には跳躍素振り（早素振り）という稽古法があります（写真10-8）。前後に跳躍しながら空間打突するのですが、この稽古法も「抜重」のトレーニングです。このように上肢を操作することが主であるスポーツでは、多くの場面で「立ち上がり抜重」が使われています。

沈み込み「抜重」

さて、「立ち上がり抜重」によって、腕を操作すると述べましたが、「抜重」にはもう一つの「抜重」があります。図10-1の②を再度ご覧ください。立位姿勢から膝を曲げていくときにも「抜重」が起こります。これを「沈み込み抜重」といいます。からだを下方向に沈めていくときに起こる「抜重」です。

「抜重」しますので、「立ち上がり抜重」と同様に腕が楽に操作できます。「立ち上がり抜重」は、からだを上方に持ち上げる必要があるので準備動作が必要ですが、「沈み込み抜重」は、ほぼ静止状態から一瞬にして「抜重」することができます。この「沈み込み抜重」は、日本の武術などで多用されていた方法です。

ここで「沈み込み抜重」を用いた簡単なゲームをしてみましょう。二人組になってください。片方の人がテニスボール（ある程度小さなものであれば代用できます）などを手のひらの上に載せて立ってください。もう一人は、相手の手のひらの下に手を置いてください。そこからスタートです。まず、「抜重」を使わないで相手の手のひらのボールを取ってみましょう。相手の人は取られないように手を閉じてください（写真10-9）。なかなか取れないと思います。腕が巧みに操作できないからです。

次は「沈み込み抜重」を使ってみましょう。両膝をうまく抜いてボールを取ってみましょう（写真10-10）。慣れてくると、腕が楽に動きボールを取ることができます。

　このように「沈み込み抜重」を使うと上肢を素早く操作することができるのです。この方法は、ほぼ静止状態から動くスポーツなどではよく使われています。例えば、野球のピッチャーの投球動作でバッター側の脚を上げた直後に、軸足の膝を抜く選手がみられます。この動きを「乗せ」などと表現するようですが、この操作も「沈み込み抜重」によって、腕の初動のきっかけをつくっているのです。原理はコイン取りのゲームと同じです。今年から東北楽天イーグルスの監督に就任された星野仙一氏は、現役時代は急激なからだの沈み込みにより腕の振りを操作していました。

写真10-9　コインを取る・抜重を使わない

写真10-10　コインを取る・抜重を使う

また、卓球でも「沈み込み抜重」がみられます。速いボールに対して、ラケットを持つ腕を早く反応させるために「沈み込み抜重」が使われています。男子選手は「沈み込み抜重」を多用するのですが、日本の女子選手はなかなか使える選手がいません。そのなかで、石川佳純選手は頻繁に「沈み込み抜重」を使います。

重心の上下動による「荷重」と「抜重」についてみてきました。これまで、重心の上下動はよくないとイメージしていた方は、「荷重」と「抜重」という観点でもう一度動きを見直されるといいと思います。そして、「荷重」・「抜重」をうまく生み出すのは主に膝関節です。上肢の動きは膝で作り出されるといっても過言ではないのです。

錯覚⑪ 日本人は理論で動く？

日本人の身体感覚

日本人の特徴というと、どのようにイメージしますか。勤勉・真面目・努力家・緻密などのイメージがあると思います。では、日本人アスリートはどうでしょう。同様のイメージを持たれる方が多いのではないでしょうか。綿密な計画を立ててトレーニングを実施し、技術や動作を理論でつくりあげる。しかし、多くのスポーツ関係者と話をすると、もう一つの日本人アスリートの特徴が浮かび上がってきます。それは、感覚を大切にするということです。

例えば、黒人アスリートは日本人に比べて、野性的で感覚的に動作していると考えがちです（写真11-1）。しかし、そうではないらしいのです。あるオリンピック代表選手（陸上競技）の講演を聞く機会がありました。そのなかで、日本人の身体感覚について興味深い内容が語られていました。要約すると次のようになります。

「世界各地を転戦し、さまざまなアスリートと話をして分かったことは、日本人選手ほど感覚の話をする民族はいない。黒人アスリートなどは、コーチから客観的な動作の指導を受けても、感覚の話は一切しない。何人もの黒人選手に接地の感覚を持ちかけたが分かってくれなかったし、誰も感覚を言葉にする選手がいなかった。逆に、日本人

写真11-1　黒人選手の疾走

は、コーチとも選手間でもよく感覚の話をする。日本が世界に通用していくには、感覚路線でいくことが重要ではないか。また、怪我などの後、再度挑戦するには新しい自分の感覚を創りだすことが大切で、過去の良かったころの感覚を求めるとうまくいかない。トップ選手が磨き上げ探し当てた感覚は言葉にするのが難しいし、トップ選手どうしでそれを語っても、誰ひとり同じ感覚の人はいない。」

本来、日本人は身体感覚が鋭いのかもしれません。武術などでも抽象的で感覚的な表現を多く聞くことができます。「攻め」・「間」・「気」・「気配」などは代表的なものでしょう。また、日本語には多くの「からだ言葉」があります。「からだ言葉」とは、23頁ですでに触れたように、体全体や各部位に関わるいろいろな言葉や表現です。例ば、頭だけをとっても、「頭打ち、頭が上がらない、頭が重い、頭が切れる、頭が古い、頭ごなし、頭にくる、頭割り、頭を掻く、石頭」などがあります。
また、日本のスポーツや武道などの指導現場では、「擬音」を使った指導方法が多いと聞きます。感覚を導く指導法です。例えば、「スーッと攻めよ」・「パッと投げろ」・「スコーンと振れ」などです。長島茂雄氏や打撃指導で定評があった中西太氏は「擬音」を多用したことで知られています。私たちの身体感覚を見直してみましょう。

不可視的要素

私は、感覚などの目に見えないものを「不可視的要素」と言っています。83頁の「歩きを観る」でも取り上げた「力の方向」も「不可視的要素」です。「不可視的要素」は武道や武術では当たり前のように語られてきた内容ですが、スポーツではそれほど大きく取り上げられてきませんでした。以前、あるサッカー選手とボールの蹴り方について話していました。「ボールを蹴るときは、呼吸を止めますか、吐きますか、吸いますか」と質問したところ、「サッカーでは呼吸のことはほとんど話題になりません」という回答でした。武道や武術では重要視されている「呼吸」についても、スポーツ界ではあまり注目されてこなかったようです。「呼吸」も「不可視的要素」と言っていいでしょう。ここでは「不可視的要素」について少し取り上げてみます。

身体動作の本質は、目に見えたり、数値で表される「可視的要素（客観）」ではなく、「不可視的要素」にあると考えてきました。例えば、よく相手の動きを「よむ」などといいます。武道などで言えば、初心者の段階では相手の「動作」を見ます。いわゆる「予備動作」です。実際に動き出す前の小さな動きです。しかし、少し上達すると「予備動作」はなくせます。相手は、可視的な動作をよむことはできません。

そこで、相手の「心」や「感覚」をよむことになります。動作に現れる前の「心」の変化を感じとります。剣道ではこの段階を「相手の心を打つ」といいます。しかし、さらに上達すると「心」や「感覚」をも消すことができます。そこで、「心」や「感覚」の前に現れる相手の変化をよみます。それこそ「気」とか「気配」といわれる変化です。武道がすばらしいといっているのではありません。スポーツなどでも同様なことがおこなわれていると思います。しかし、それらが体系的に整理されて説明されていないのです。動作の本質は、レベルが上がれば上がるほど「不可視的要素」へと向かいます。ですから、超一流の選手は自分のやっていることを説明できないことが多いのです。相手の「無」を自分の「無」で感じているからです。

さて、「不可視的要素」に関連して「守・破・離」を紹介しておきましょう。これは、武道・茶道・能など日本の伝統的な修行の段階を言ったものです。一般的に、「守」の段階は「型」をもっぱら真似る段階、「破」はその「型」を打ち破り、その人の創意工夫が付け加えられる段階、そして、「離」はその「型」を離れ、個性的な技が自由に表現される段階と理解されています。

しかし、「守・破・離」の修行体系は、それほど単純ではありません。「守」の段階は外形としての「型」を真似ていきます。しかし、姿勢や動作を寸分の狂いもなくある一定の「かたち」に押し込める方法は、稽古を重ねていくうちに「不可視的要素」を自覚するようになります。感覚・呼吸・意識・気というような内面の変化を自覚します。この段階が「破」の段階です。身体や動きの「型」を破り、その修行の中心は「不可視的要素」へと向かっていきます。さらに、修行が進むと、自他（自分と相手）との「不可視的要素」の関連が分かるようになります。この段階が「離」です。相手の感覚・呼吸・意識・気の変化に、身体が即座に反応し対応できるようになるのです。外形の「型」からは離れ、心身の自由が得られる段階です。このように、「型」による稽古は、姿勢や動作を「型」に無理やり押し込むことによって「不可視的要素」の充実を期するものです。決して外に現れる「形」のみを課題とするのではないのです。

「身体動作」とは、「身体」の動作です。「体」の動作ではありません。「体」は可視的な「からだ」を意味します。「死体」などといいます。しかし「身体」とは、意識的または無意識的な作用を含んでいる「からだ」です。それらを感じることは歴史的にみても、日本人の特性なのかもしれません。「不可視的要素」を大切にしたいものです。

日本人の拍子(リズム感)

「不可視的要素」ついて取り上げてきましたが、ここではその中の拍子(リズム感)について取り上げてみましょう。歴代オリンピックにおける水泳(競泳)競技での日本人種目(泳法)別金メダル獲得数をみると興味深いことが分かります。リレーをのぞく個人種目での金メダル獲得総数は18個。種目別(泳法)獲得数をみると、自由形(クロール)3個、平泳ぎ12個、その他3個となっています。

平泳ぎでの金メダル数が突出しています。北島康介選手というスーパースターが、2大会(アテネ・北京)で4つの金メダルを獲得したことを差し引いても、日本人は平泳ぎが得意だといえるでしょう。14歳にして金メダルを獲得し、「今まで生きてきたなかで、一番幸せです」との名言をのこした岩崎恭子選手(バルセロナオリンピック・1992)も平泳ぎ、実況アナウンサーが20回以上も「前畑がんばれ」と連呼したことが語り継がれる兵藤(前畑)秀子選手(ベルリンオリンピック・1936)も平泳ぎでの獲得でした。

一方、自由形（クロール）での金メダル獲得数はわずか3個です。戦後1500メートル自由形で故古橋廣之進選手が世界記録を連発したことはありましたが、その後、長い間、自由形の記録は世界と大きく開いてしまいました。日本人にとってはクロールは苦手種目であるらしいのです。以前、著名な水泳のオリンピックコーチとお会いする機会がありました。彼によれば、日本人がクロールが不得意な理由は、技術的な課題だけではなく、日本人のリズム感にあるというのです。日本人は3拍子が正確に刻めないと言われています。クロールでスピードを上げるためには、6ビートのキックを体得しなければならないらしいのです。詳細は省きますが、右腕のストロークで右・左・右のキック、左腕のストロークで左・右・左のキックをします。つまり、「右・左・右」「左・右・左」と3拍子のリズムなのです。ところが、日本人はこの3拍子が苦手で、3拍のあとにどうしても間（休み）が入ってしまい正確なビートを刻めないというのです。このことがクロールが苦手な一因だといいます。

ところが、3拍子が苦手な日本人も4拍子は得意です。日本の民謡を調べるとほとんどが4拍子、隣の韓国では3拍子の曲が多くなります。私たちが好む3・3・7拍子も、4拍子の変化形です。4拍子の4拍目に休みが入っています。「3拍と1拍休み」の4拍子のリズムはさまざまなところで聞かれます。例えば、登山では、日本人は5000メートル級以上の山に登るときには、3日登って1日少し下る（休む）、このインターバルが最も体力を消耗しないと聞いたことがあります。2日登って1日下る（休む）、4日登って1日下る（休む）のリズムではうまくいかないらしいのです。やはり4拍子のリズムです。

先日、稲尾和久氏（故人）の講演の様子がテレビで流れていました。稲尾氏は1950年代に西鉄ライオンズ（現西武ライオンズ）で大活躍した投手です。その後、解説者としてもご活躍されたのでご存知の方も多いでしょう。当時は、新人投手はバッティングピッチャーばかりやらされたといいます。約1時間、球数にすると500球近くのボールを投げたそうですが、ストライクばかり続けて投げると先輩打者から怒られたそうです。しかし、ボールを2球続けても怒られます。ほどよくストライクの中にボールを混ぜなければならなかったそうです。そのうちに、バッターが一番喜ぶ配球は、ストライクを3つ、ボールを1つだということが分かったといいます。やはり、4拍子のリズムです。そこで、稲尾氏はそのボールを投げることを利用してコントロールの練習をしたと語っていました。

スポーツ関係の方々と話をしていると、この「3・1」という組み合わせがよく出てきます。インターバルトレーニングなどで、3回全力でいって1回流す、この組み合わせが最も有効だと教えてくれたコーチもいます。

さて、それではなぜ日本人は4拍子が得意で3拍子が苦手なのでしょうか。4拍子が得意なのは、正確にいうと日本人ではなく「日本語」を話す人です。「日本語」を聞き、話して成長した人は4拍子のリズムが自然と身につくらしいのです。これら4拍子については、元上智大学教授の別宮貞徳氏が『日本語のリズム・四拍子文化論』（筑摩書房）という著書を出されています。

さて、すでにお気づきだと思いますが、日本人が平泳ぎが得意な理由の一つは、平泳ぎの動作が4拍子のリズムであるからです。平泳ぎの動作に関しては4拍子または2拍子と表現されることも多いようです。私たち日本人の体感リズムは、明らかに外国人のものとは異なります。日常生活のリズムも違うはずです。考えてみれば、週7日、そして土曜日と日曜日を連続休みとする生活パターンが本当に日本人に適しているでしょうか。いっそのこと週8日制にして、4日目と8日目を休みにしたらどうでしょう。そこまでしなくても、木曜日と日曜日を休日にする手もあります。いずれにせよ、西欧の真似や押しつけでは解決できない日本人の身体感覚や拍子（リズム）があることだけは確かです。

錯覚⑫

意識は一点に集中させる？

遠山の目付け

私の趣味は長距離ドライブです。現在住んでいる大阪と実家の福岡くらいの距離ならば車で移動します。車も、セダンではありません。小型のキャンピングカーです。以前、ドライブインの食堂で合席になった長距離トラックの運転手さんと雑談になりました。ドライブテクニックの話になり、次のような会話が印象的でした。

「よく、毎日長距離走って疲れませんね」と私。

「私たちは、前、見ませんから」

「え～っ、前を見ないんですか」

「見ませんよ、どこにも焦点は合わせません。だから全部が見えます」

彼らのようなプロのベテランドライバーは、私たちのように、信号や標識、車や歩行者に焦点を合わせないらしいのです。焦点を合わせずに、前方をぼやっと見るそうです。いちいち、対象物に焦点を合わせていたら、とても毎日何時間も運転できないと言われていました。私もそれから、運転するときにはぼやっと見るように心がけています。焦点を合わせないので、前方がすべて見わたせます。慣れてくると、楽に長距離運転ができるようになります。

実は、この焦点を合わせない視線の使い方は、「武道」や「武術」に伝わる方法と同じです。相手のどこにも焦点を合わせずに、頭の上からつま先まで全体を見ます。「遠山の目付け」などと表現されています。遠くの山を見るようにという教えです。皆さんも、「遠山の目付け」での運転を試みられてはいかがでしょうか。運転しながら「目付け」の訓練ができます。しかし、最初は十分に気をつけてください。

さて、この「遠山の目付け」をさらに理解するためには、「周辺視野」について知る必要があります。視野には「中心視野」と「周辺視野」があります。私たちが何かに焦点を合わせたとき、その中心から約20度の円中を「中心視野」といいます。「中心視野」は物の形を細部にわたって判別したり色を認識したりできます。一般に本を読んだり、運転中に標識を見たりするときは「中心視野」を使っています。一方、「周辺視野」とは、その周り

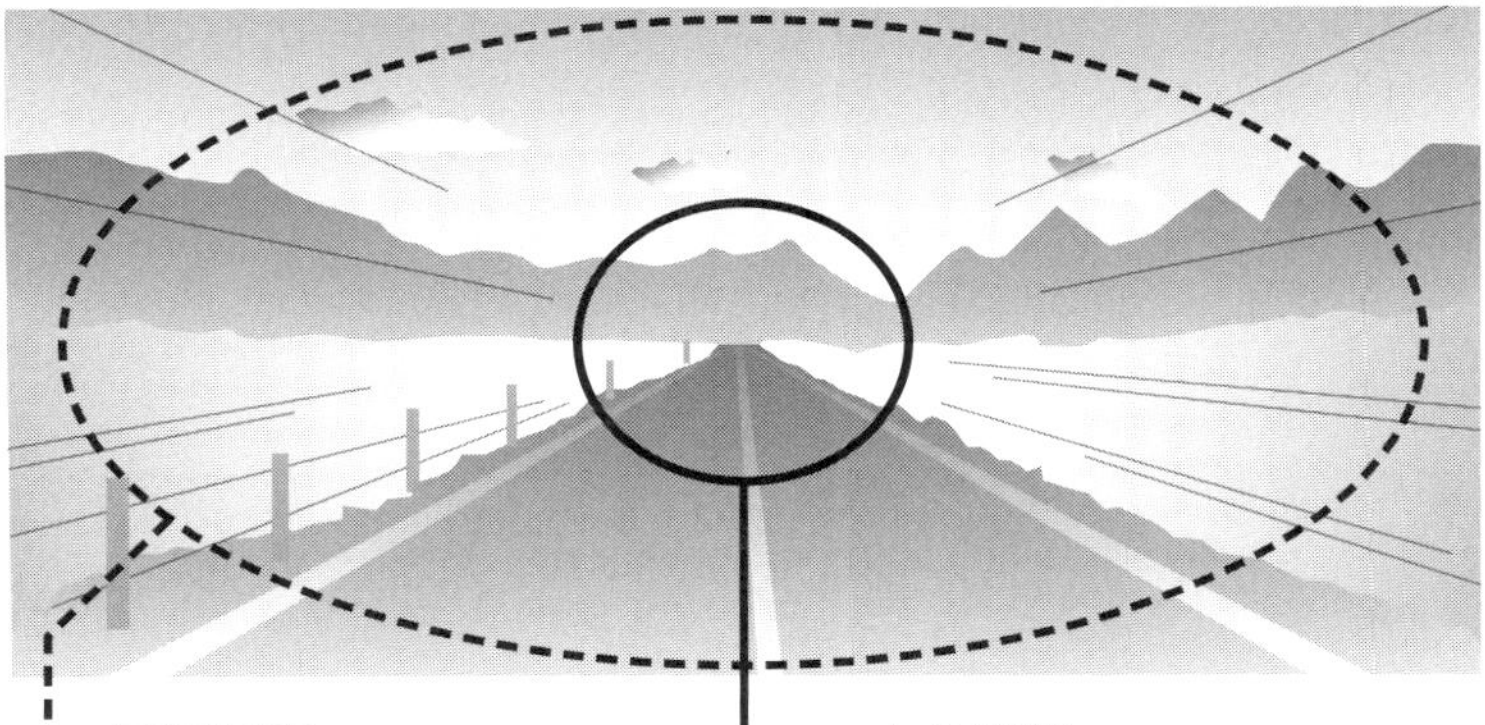

図12-1　中心視野と周辺視野

の約上下130度、左右180度の範囲だと言われています（図12-1）。この「周辺視野」は、物の形はぼんやりして、色もあまり分かりません。ところが、移動する対象物や点滅する光のように時間的に変化する物に対しては「中心視野」より優れた力を発揮するのです。

「遠山の目付け」とは、どこにも焦点を合わせずに、視野のすべてを「周辺視野」にする方法です。スポーツなどで、「相手やボールを良くみなさい」という教えがあります。しかし、それは、焦点を合わせて見るのではなく視野のすべてを「周辺視野」にすることだと思われます。ある著名なバッターがスランプを脱したときに、「今まで見すぎていました。ボールを見ないようにしたらタイミングが戻りました」と語っていたことを思い出します。

「遠山の目付け」の習得方法はいくつかありますが、「半眼」にすることも一つの方法です。目を半分閉じるようにしてみてください。目をすぼめるようにします。すると、焦点が合いにくく、「周辺視野」が広がります。さらに正面を見ると、あごを少し出した理想的な頭部の傾きになります。

腹圧をかける

「丹田（下腹）に力を入れよ」というような教えを聞いたことはありませんか。この教えは、スポーツよりも武道で多く聞かれるかもしれません。丹田の位置は特定されているわけではありません。おへその指3本分下と言ったり、下腹と腰の間と言ってみたり、さまざまです。からだの中に丹田という構造物はないのです。剣道などでは、「常に丹田の力を抜かないように」といわれます。そして、多くの剣道愛好者が下腹の力が抜けないように努力しているようです。しかし、そのように努力すればするほどからだは固くなり、相手に対す

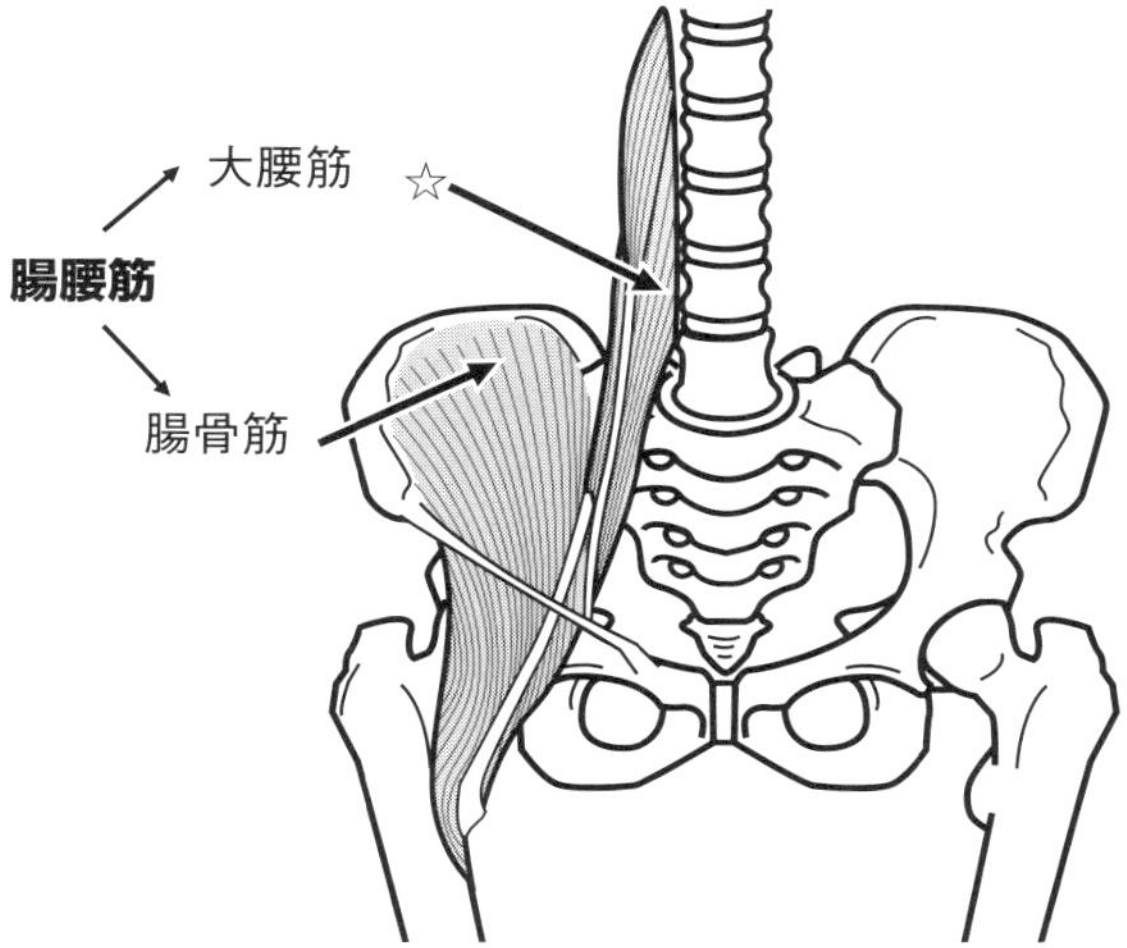

図12-2　腸腰筋の図

る適切な動作もできなくなります。下腹付近の理想的な状態や感覚は、力を集中させることではありません。それは、十分に下腹付近がゆるみ、腹圧がかかる状態をいいます。それが下腹に力を入れたときの感覚と酷似しているために誤解されてきたものと思われます。

これらを腸腰筋との関係でみていきましょう。腸腰筋は脊椎（第12胸椎と第1～5腰椎）から小転子（大腿骨の内側）に付着している大腰筋と、おもに腸骨窩（腸骨の上辺）から同じく小転子に付着している腸骨筋によって構成されています（図12-2）。

腸腰筋の働きは、「股関節を屈曲させる」と言われていますが、「屈曲とともにわずかに外旋させる」とも言われています。近年では、合理的な動作の獲得には腸腰筋を活性化させることが必要不可欠であると考えられるようになっています。実は、腹圧をかける操作は、腸腰筋を活性化させる一つの方法なのです。からだの表面にある筋肉を表層筋といいます。一方、からだの奥にある筋肉を深層筋といいます。表層筋は体表近くにありますから触ることができますし、その働きを意識し確認することができます。しかし、深層筋は触れることもできませんし、ほとんど意識できません。腸腰筋は深層筋の代表的なものです。腹圧をかけることによって腹腔内が拡張し、腸腰筋が圧迫されなくなり、非常に動きやすい状態になると考えられます。腹圧をうまくかけることができるようになると、走歩行を中心に非常にスムーズに股関節が動くように感じられます。

それでは、どのようにすれば腹圧をうまくかけることができるでしょうか。それには、呼吸を工夫する必要があります。動作するときには無意識のうちに、吐く、吸う、止める（溜める）という三つの呼吸を使っています。動くときに、呼吸を意識しているでしょうか。大切なのは、常に気道を開いておくことです。呼気と吸気が入れ変るときや呼吸を止めるときに気道を閉じる人が多いようです。気道が塞がると、下腹の腹直筋などを収縮してしまい、腹圧をかけることができません。丹田を緩め、気道を開き、横隔膜を下げて腹圧をかけるようにします。

さて、腹圧をかける呼吸については、よく「腹式呼吸」が推奨されます。しかし、腹式呼吸は吸気では腹圧がかかりますが、呼気では腹圧が低くなります。しかし、合理的な動作のためには呼気でも腹圧をかける必要があります。尺八奏者の中村明一氏は「蜜息」という呼吸法を提唱されています（『「蜜息」で身体が変わる』、新潮選書２００６年）。中村氏によれば、呼吸には、「腹式呼吸」「胸式呼吸」「逆腹式呼吸」「蜜息」の４種類があり、「逆腹式呼吸」は「腹式」の逆で、吸うときにお腹が引っ込み、吐くときに膨らませます。「蜜息」は、吸気では「腹式」と同様に膨らませて呼気ではさらに腹圧をかけるようにします。剣道でも下腹に「垂」を巻いて常に腹圧が一定になるようにします。昔の日本人は、和服で帯を締めていました。腹圧に差があると着崩れしてしまいます。自然と「蜜息」を習得していたのです。

また、呼気で腹圧をかけるために「二度吐き」という呼吸法もあります。「二度吐き」とは呼気を一度口腔内にため、動作時または動作直後に一気に吐き出す呼吸法です。トップアスリートがよくほっぺたを膨らませるようにしているのは、この「二度吐き」を使っているものと思われます。

努力感と力感

私が身体動作に興味も持ったきっかけは、若いころのプロ野球の観戦にあります。なぜ、プロ選手はこんなにゆっくり動いて一生懸命にやらないだろうと感じたことを覚えています。動きが洗練されてくると、その動作がゆっくり見える場合があるようです。言い方をかえると、力感や努力感がなくなるのです。また、いい動きをしている選手は、その選手だけゆっくり動いているように見えることがあります。高校生時代に、明治神宮大会（全日本大学野球選手権）の決勝を観戦しました。早稲田大学対法政大学です。法政大学が４対０で勝ったと記憶しています。そのときの法政大学の投手が江川卓選手でした。江川投手の動きだけが、ゆっくり見えたことを思い出します。

このような内容をブログに書きましたら、お仕事でアメリカに在住されていた方から、興味深い内容のメールをいただきました。紹介しましょう。

ブログで、プロ野球の選手の動きは、ゆっくり見えるという記事がありましたね。私も実は、初めてプロ野球を観戦したのが、米国のアナハイムスタジアムで、カリフォルニア・エンジェルスの試合でした。相手のチーム名は記憶がないのですが……。

そのときに、あまりにも動きが緩慢に見えたので、「これは3Aですか?2Aですか?」と言って、連れて行ってくれた現地の駐在員を落胆させたことがありました。勿論メジャーリーグの公式戦でした。

相当球は速いらしいのですが、球場から見ていると、とても遅く見えたのです。あんまり、一生懸命にやっているようにも見えませんでした。

テレビなどでは残像ができますから、それほど違いが分かりませんが、生で見ると動きの違いは明確です。動作は、このような見方をすることも一つの方法です。これは、スポーツばかりでなく日常生活や仕事でも同じで、さまざまな分野で実績を上げている方々は、余裕があって一生懸命さがありません。レベルが上がれば上がるほど、努力感や力感が消えていくのです。

スポーツ活動の現場では「集中」という言葉が頻繁に用いられています。しかし、「集中」という言葉は慎重につかうべきだと考えています。「集中」とは、本章のタイトルに示したように意識や力などを一点に集中させることであると「錯覚」している人が多いようです。しかし、真に「集中」した状態とは、逆に意識などが無限の広がりを持つことです。「目付け」も一点をみるのではなく「遠山の目付け」のようにすべてをみることです。丹田の状態も力を丹田(狭い範囲)に集めるのではなく、腹圧によって丹田をからだ全体に広げるイメージです。そのような真の「集中」から生まれた動作は、ゆったりとしていて努力感や力感がありません。スポーツなどでよく用いられる「集中」の意味を問い直してみたいものです。

錯覚⑬ 武道の身体操作は合理的？

武器（道具）の変化

スポーツを志している方々のなかには、合理的身体操作を剣道や柔道、空手などの武道に見出そうとしている方もおられるかもしれません。また、武道を実践されている方々のなかにも、武道の動作がスポーツに比して合理的であると信じている方も多いと思います。しかし、一概に、武道がスポーツに比べて合理的であるとはいえません。ここでは、剣道を中心に武道の動作性を考察してみます。

すこし、剣道の歴史をみていきましょう。剣道の技術や動作には多くの矛盾点が含まれています。

その理由の一つは、武器が変化してきたことです。剣道の技術の源は「日本刀」の出現にあります。「日本刀」とは、日本で用いられてきた刀身に反りがある刀の総称です。それまでの「直刀」（刀身に反りがない刀）から「日本刀」への移行には長い年月を要したと言われていますが、平安末期には、わが国でつくられる刀はほとんど「日本刀」になっていました。この「日本刀」の出現によって「斬る」という技術が生まれました。そして、平安末期から江戸初期にかけては、実戦のなかで「日本刀」の操法が工夫・研究されました。

しかし、江戸時代になると戦（いくさ）もなくなり、実際に「日本刀」を持って戦う機会が激減します。剣道の修行形態は「型稽古」へと変容していきました。「型」は、「日本刀」の操法を体得するとともに、それを表現するという性質を持っていました。そして、江戸中期になると新たな稽古法が考え出されます。現代剣道の原型である「しない（竹刀）」と「防具」を用いた稽古法です。この「しない」と「防具」を用いての剣道を「しない打ち剣道」といいます。当初は、「型稽古」と「しない打ち剣道」の両方をおこなった流派も多かったようですが、江戸末期には「しない打ち剣道」が主流となり、明治以降は「剣道」と言えば、この「しない打ち剣道」をさすことが一般的になりました。

このように武器を変化させてきた剣道は、それまでの武器の特性や動作性を含みながら発展してきました。現在の「しない打ち剣道」には「日本刀」の操法や「型稽古」の動作性が混在していきます。このことは現代剣道に合理的とはいえない技

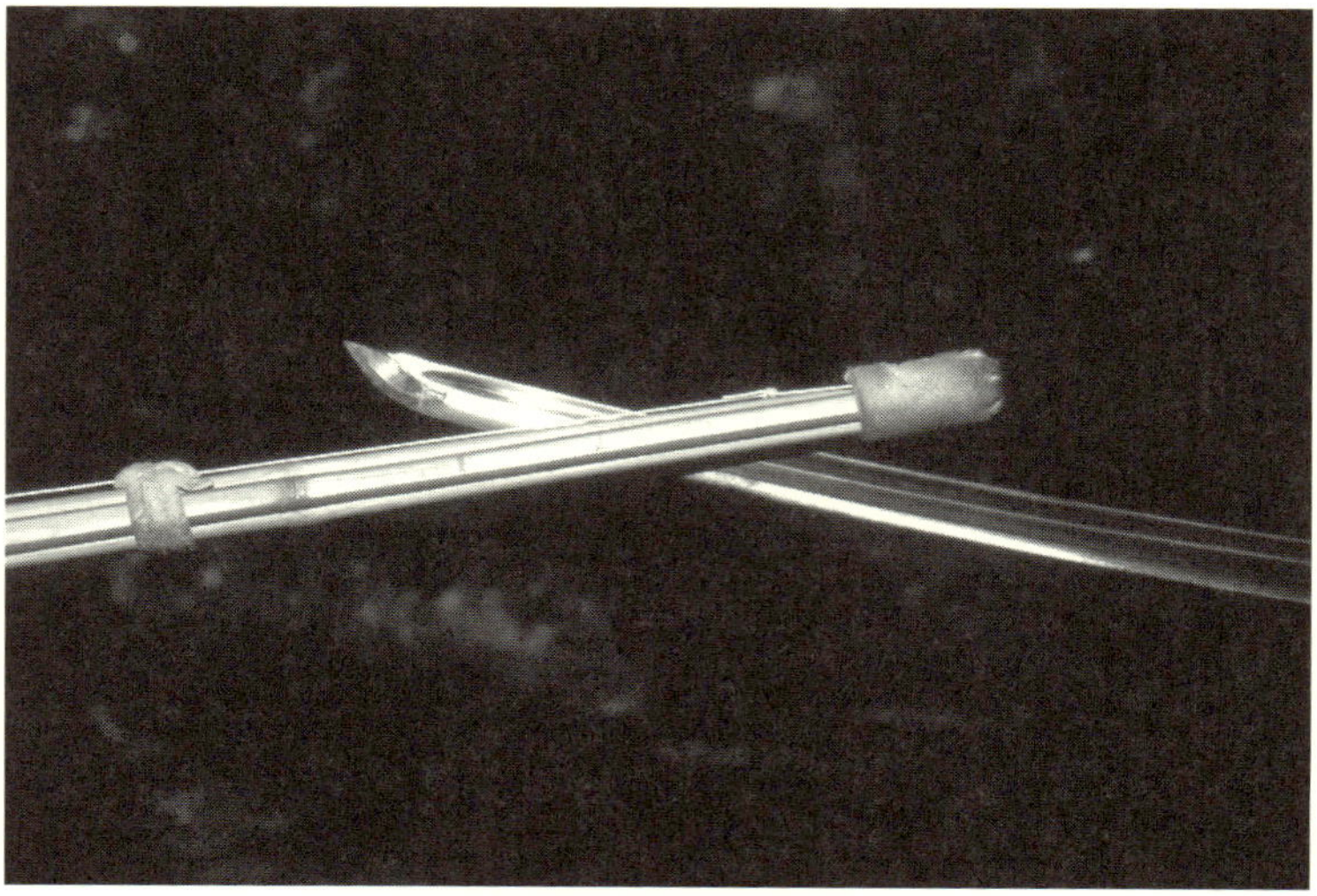

写真13-1　日本刀と竹刀

術や動作が含まれていることを意味します（写真13－1）。

さて、剣道における武器の変化と合理性の課題は、道具を使うスポーツにも当てはまります。例えば、野球のバットの重量は現在900グラム前後です。しかし、ベーブルースが活躍した1930年ころは2000グラムのバットを使う選手もいたと言われています。日本のプロ野球でも1980年代は1000グラムのバットを使う選手が多くいました。重いバットを使用していた時代は、左右の股関節を同時に使い、全身を効率よく回転させてボールを飛ばす打法でした。しかし、落ちる変化球に対応するためにバットが軽量化しました。バットの軽量化によって、左右いずれかの股関節を主に使う打法へと変化しています。スイングの軌道も楕円に変わっています。

また、ゴルフも用具の違いによって技術や動作が変化しています。とくにドライバーの変化は顕著です。1980年代のドライバーのヘッド体積は150～200cc、クラブの長さも42～43・5インチでした。現在ではヘッド体積が460cc、長さも45～46インチのものが主流になっています（写真13－2）。

ヘッドが小さくクラブの長さが短い場合には、ダウンスイングで肩・肘・手首の関節のほどきを遅らせる「タメ」という技術が必要でした。しかし、今のドライバーは、逆に、肩・肘・手首の関節を早い段階でほどく打ち方によってヘッドスピードが上がるようになっています。

道具を使用するスポーツにおいては、その変化にともない技術や動作が変容します。それによって、合理的で新しい技術や動作が開発されていきます。しかし、剣道などでは、伝統を重んじることもあり、武器の変化にともなう技術や動作の変容がなされていない傾向にあるのです。

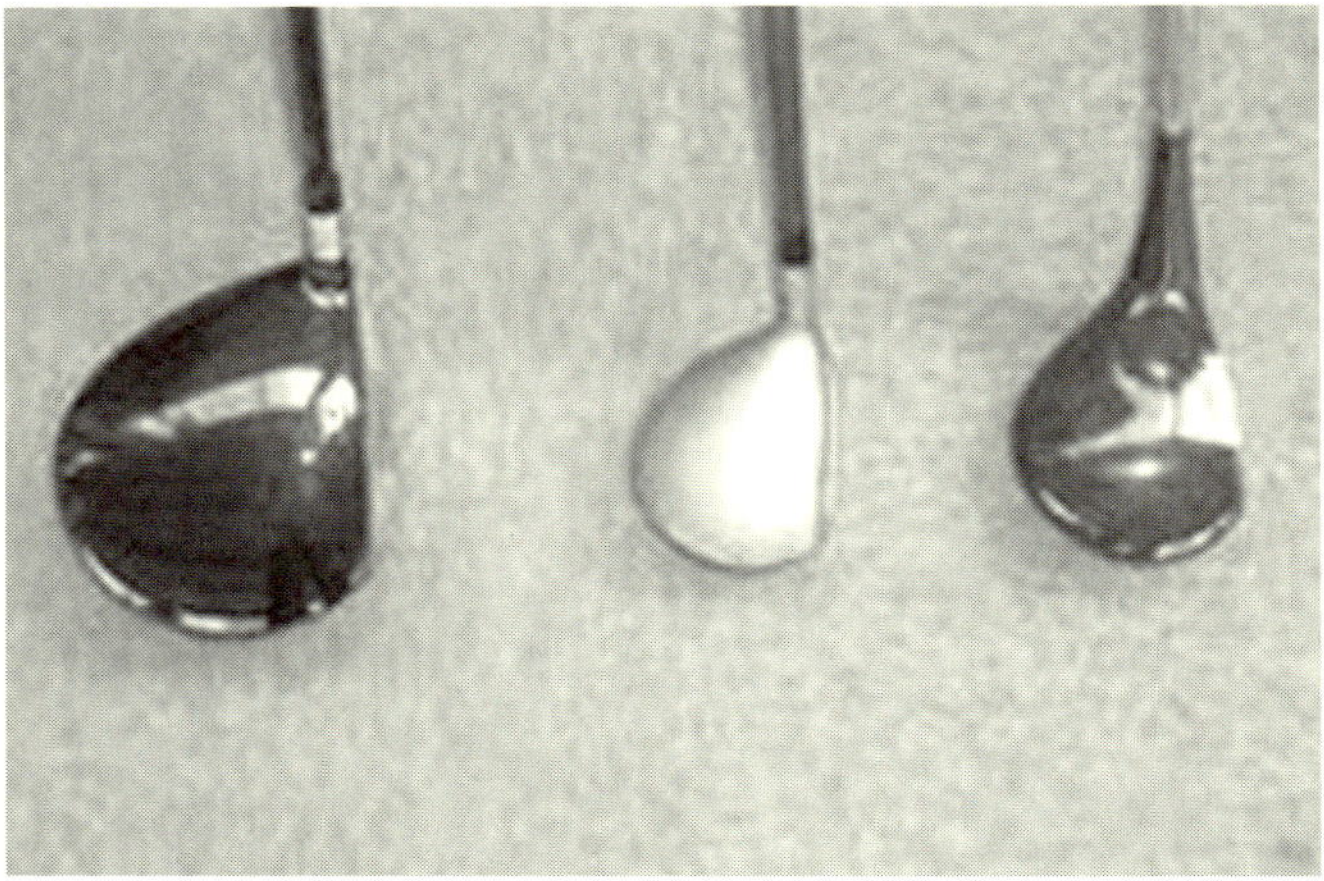

写真13-2　ゴルフクラブの変化

武道と技の伝承

さて、スポーツの技術はどのようにして伝えられてきたでしょうか。現在では、ビデオによって優秀な選手の技術を見ることも容易になりましたが、以前は上手な人の動きを真似たり、または言葉や文章によって伝えられてきました。ところが、武道の場合はスポーツにはない独特な伝え方があります。すでに簡単に触れましたが「型」による伝承です。日本の伝統文化の多くは「型」によって伝承されてきました。「かた」は、象、形、態、式、型などさまざまな漢字が当てはめられてきたようですが、武道の「かた」という場合には、「型」または「形」が使われています（写真13-3）。

「型」には、鋳型や型木というように、ひな形、手本、一定の動作などの意味があります。一方、「形」は外形、あとかた、形態などのように、「外に現れたかたち」を意味します。厳密な使い分けはなされてはいませんが、時代を経ても変わることのない日本文化や武道の「かた」という場合は「型」を、その「型」を稽古したり演じる場合は「形」を用いるのが適当だと思われます。

つまり、剣道などの武道は「型」によって伝承され、「形」として表現されてきたといえそうです。名人・達人といわれる人が自分の修行体験から一

写真13-3　空手の型

定の「型」を創出し、それを弟子たちに伝えました。これが流派の発生です。それぞれの流派での修錬は自流の「型」を繰り返すことが中心でした。「型」は、その流派を修行する上で合理的な動きを無駄なく圧縮したもので、修行者はその「型」を寸分の狂いもなく体現することを要求されました。

「型」は非常に優れた技の伝承方法なのですが、問題点もかかえていました。まず、「型」の原型（純粋性）を保持することが困難であったということです。各流派の「型」は、時代を下るにしたがってさまざまな解釈が加えられ「かたち」を変えていくことになりました。本来の「型」を時代を超えて伝承することは困難だったのです。多くの個性を包含しながら伝えられることになりました。また、武器の変化に関して、「型」は適応しにくい性質がありました。「日本刀」から「しない（竹刀）」へと武器が変化しても、「型」の動作は「日本刀」のそれとして伝えられる運命にありました。

また、技の伝承のされ方について「一子相伝」について触れておきましょう。武道の流派では、その技術は「公開しない」ことが一般的でした。武道は元来相手を殺傷する術ですから、自流の技術を人に見られ他流に研究されれば自流の存続に関わります。現在のように自分の技術を広く公開することはなかったのです。自流の中でも最も信頼がおける人物に秘かに伝承しました。これが「一子相伝」または「門外不出」と言われる伝承方法です。武道の世界では、本当の「教え」は多くには伝えてこなかった経緯があるのです。明治・大正時代から昭和の初めにかけて剣道の達人と言われた中山博道先生は、他人には絶対に公表してはならないという条件で、数人にしか本来の技を教えなかったとされています。一般に広く伝わった「教え」は合理的とは言えない可能性があるのです。

学校体育と武道

武器の変化や伝承形態によって、現代武道は合理的な身体操作を伝えていない傾向にあると述べてきましたが、もう一つ、武道の技術や動作の合理性について看過できない課題があるのです。それは、武道と学校体育との関わりです。結論から言えば、学校体育の教材として扱われている武道の技術や動作は、本来の合理性を失っています。ここでも剣道を例に話をすすめましょう。

明治時代、剣道や柔道が学校の体育（当時は「体操科」といいました）に長い間採用されなかったことを知る人は意外と少ないと思います。維新後、武士階級は消滅し剣道は一時衰退しますが、明治10年代になると、学校体育に取り入れようとする気運が高まってきます。当時の文部省は、武道が学校体育において適当であるか否かの調査研究を続けます。明治17年、文部省の諮問を受けた

写真13-4　整列して稽古

体操伝習所は、武道の身体的・精神的価値は認めながらも、危険・粗暴・衛生上不適であり指導法上学校で行うには難がある、という理由で学校体育の正科とするには不適当としました。また、明治29年にも、同省は学校衛生顧問会に武道の衛生上からみた利害損失について諮問していますが、同顧問会の答申も正科とすることについて否定したものでした。

さらに、明治37年に設置された体操遊戯取調委員会も、発育発達の見地と指導法の研究不足を主な理由にして武道の正科編入は不可としています。そして、ようやく明治41年に議会において、正科編入の最終的建議案が可決されますが、武道は正科ではなく事実上随意科（選択科目）にすぎませんでした。このように明治期には、武道は、学校体育で実施するには不適切な運動であると考えられていたのです。

この間、学校体育の目的に合致するように、武道を変えていく必要がありました。まず、一人の教師が多人数に教えられるように教授法を変えることです。教師が前に立って、生徒たちを等間隔に整列させて素振りなどを教える方法は、このころに生まれたものです。それまでの武道は師が弟子に一対一で技を伝授していました（写真13-4）。

さらに、技術や動作自体も変化を余儀なくされました。そこには「運動量」の課題があったものと思われます。体育では、一単位時間で、適切な「運動量」が確保できるかどうかが問われます。本来、剣道や柔道などの武道は、限界まで合理的な動きを求めました。そこで、初心者でも容易に「運動量」が確保できるように技や動作の変革がおこなわれたと考えられます。現代剣道は打突（相手を打った）後、前方に勢いよく進みます。とくに面を打突したあとは、相手を通り過ぎて前進することが良いとされています。しかし、元来剣道の打突（斬撃）は、前方にからだを進めるものではありません。

このように、打突後にからだを前進させる運動形態を取り入れたことも「運動量」の確保と大きく関係していると考えられます。つまり、武道を学校体育の教材とするために、あえて合理的でない動きを取り入れざるをえなかったと思われます。そして、多少乱暴な言い方ですが、その非合理的な動きを繰り返すことが、「人間形成」つまり「教育」に必要であると考えられてきたように思えます。このように考察すると、学校体育に取り入れられている武道は、本来の合理的な動作特性が失われている傾向にあると言わざるを得ません。

さて、武道が学校体育に取り入れられる過程で、本来の技術や動作を変容させたとすれば、西欧から伝えられたスポーツにも同様のことがあると考えられます。「競技スポーツ」の一義的目的は、一定のルール内で「勝利を得る」ことです。そして、そのための合理的な技術や動作が求められます。

しかし、そのスポーツが体育の教材として用いられる場合、「勝利を得る」ことだけばかりではなく、「人間形成」や「社会性の習得」、さらには「健康維持やその態度を身につける」などの二義的目的に焦点が当てられます。そのために、そのスポーツ本来の合理的な技術や動作が変容している可能性があります。皆さんの専門種目が学校体育の教材として採用されているのであれば、それらの技術やトレーニング方法などを見直すことも意義あることだと思われます。

錯覚⑭

武道をすれば礼儀正しくなる？

武道と人間形成

武道の特性といえば「人間形成」であると言われてきました。「人間形成」というのも曖昧な言葉です。「人間形成」という言葉は、教育学などの分野で多く用いられていますが、それが何を意味するのかは、多様なとらえ方がされているようです。しかし、武道の場合にはかなりその意味が狭められます。2008年（平成20年）、文部科学省が中学校学習指導要領の改訂にともなって、中学校保健体育において武道を必修としたことをご存知でしょうか。この改訂は、2012年度（平成24年度）より実施されます。新しい「中学校学習指導要領解説」には、

武道は、武技、武術などから発生した我が国固有の文化であり、相手の動きに応じて、基本動作や基本となる技を身に付け、相手を攻撃したり相手の技を防御したりすることによって、勝敗を競い合う楽しさや喜びを味わうことができる運動である。また、武道に積極的に取り組むことを通して、武道の伝統的な考え方を理解し、相手を尊重して練習や試合ができるようにすることを重視する運動である。

とあります。武道が「我が国固有の文化」であり

「相手を攻撃したり相手の技を防御」する運動であることは当然のことです。必修化の主目的は、後半に記されている「武道の伝統的な考え方を理解し、相手を尊重」することにあることは明らかです。武道の必要性が叫ばれるときに、常にこれらの内容がクローズアップされてきました。

例えば、全日本剣道連盟は昭和50年に「剣道とは剣の理法の修錬による人間形成の道である」とする「剣道の理念」を制定しています。そして、同時に「剣道修錬の心構え」を発表していますが、その中には「礼節」・「信義」・「誠」というような武士道的な徳目が示されています。そして、他の武道でも同様なとらえ方がなされています。すなわち、武道による「人間形成」の内容とは、他のスポーツにはない「武士道」にイメージされる「日本的な考え方や行動の仕方」を指しているようです。それらの考え方を「道徳的精神性」、行動の仕方を「伝統的行動様式」ということとしましょう。分かりにくい方は、「礼」や「礼儀」または「礼法」などをイメージしてください。

さて、「礼」や「礼儀」・「礼法」に代表される「道徳的精神性」や「伝統的行動様式」は、確かに武道の特性であると言っていいでしょう。しかし、私はそれらを武道の特性の中心に据えるべきではないと考えています。それらは武道が伝承してきた文化的要素ですが、はたして武道独自の特性となりうるでしょうか。日本では、それらの内容を取り入れて、スポーツの教育力を高めようとする試みがあります。例えば、高校野球ではゲーム前後のホームベース前での「あいさつ」や球場への出入りの際の整列や「礼」などが励行されています（写真14-1）。さらに、さまざまなスポーツで現場の指導者が「礼」や「礼儀」・「礼法」などを厳しく指導しています。これらは「道徳的精神性」や「伝統的行動様式」をスポーツに取り入れた例であると考えられます。つまり、「道徳的精神性」

ないのです。

批判を恐れずに言えば、「武道によって礼儀正しくなる」というのは「錯覚」です。さらに正確に言えば、「武道の技術性の修練によって礼儀正しくなる」ことはないのです。

皆さんは、武道家というとどのような人を想像しますか。武道の修練によって形成される人間とは、どのようにイメージするのでしょう。「武士的な人格」というようにイメージするかもしれません。武道を真面目に取り組むことによって「道徳的精神性」や「伝統的行動様式」が身についた武士のような人間をイメージすることもあるでしょう。ところが、武道の修練によって、そのような人格が形成されるのではありません。昔の武士は、生まれながらにして「武士的な人格」が形成されるように教育を受けていたのです。「武士的な人格」を持った人間が剣術（剣道）などの武道を修錬し

写真14-1　高校野球の整列

ていたと考えるのが自然です。

武道の技術性の修練そのものには、「道徳的精神性」や「伝統的行動様式」を身につけさせる機能はありません。「武道をすれば礼儀正しくなる」と感じるのは、武道の修行体系に多くの「統一化された行動様式」が含まれるからです。例えば、道場への入り方、整列の順番、正座の仕方、稽古前の礼法などです。これらの「統一化行動様式」、つまり稽古のための決まりごとが多いために、私たちは「武道をすれば礼儀正しくなる」と「錯覚」するのです。

一本をとる

北京オリンピック（2008年）男子柔道100キロ超級で、現在は格闘家に転身している石井慧選手が金メダルを獲得したことは記憶に新しいところです。しかし、その戦いぶりに批判が

写真14-2　柔道の投げ

あったことも確かです。石井選手の柔道が、本来の理想的な日本の「柔道」ではなく、国際化された「ＪＵＤＯ」での勝利だったからです。「ＪＵＤＯ」は、どんな形であれ細かいポイントを重ね、最終的に勝利を目指します。石井選手は国際ルールの中で「勝つ」柔道こそ至上だと考えていたと思われます。彼は、全日本選手権でも「自分の柔道＝ＪＵＤＯ」を貫いて優勝しました。

同大会（北京オリンピック）の女子63キロ級で谷本歩実選手（女子63キロ級）が、アテネに続いてすべて一本勝ちで金メダルを獲得したことについて、日本チームのあるコーチが「最近はポイントを取って勝てばいいと考える日本人選手もいる。しかし、一本勝ちを強く意識しないと勝利につながらないことを、谷本の試合であらためて学んでほしい」と語っています。コーチが石井選手の戦いぶりを意識して発言したかどうかは定かではありませんが、日本には「柔道はあくまで一本をとることを目指すものだ」という考え方があります。これは、柔道だけではなく武道が共通に持つ伝統的な思想性です。

「一本をとる」という考え方は、どこからきているのでしょうか。この思想性は、武道が本来命のやり取りを前提としていることからきています。「一撃必殺」という言葉をご存知でしょう。「一撃必殺」は、空手や一部の剣術の流派などで言われてきました。しかし、「一本をとる」という考え方を、より具体的に表しています。一撃で必ず殺す、つまり相手の命を奪うとしているのです。相手の命を奪うからこそ、一撃でなければならないのです。一撃で相手を殺すというのは、世界中の狩猟民族がほぼ共通に持っている考え方です。これは、決して自分の技術の高さを証明しようとしているのではありません。獲物に対する尊敬の念から生じています。「命」とは獲物にとって非常に大切なものです。その大切な「命」を奪うときに、一撃でしとめ、余計な苦しみを与えないことが最低限の「礼儀」であるという考え方です。

この「一撃必殺」の精神こそ柔道で「一本をとる」ことの源です。この考え方が、武道など相手を殺傷することから昇華した運動文化に受け継がれたと考えられます。よって、柔道・剣道・空手などでは、「一本」や「一振り」・「一撃」で相手を倒すことが高いレベルの技術であるとされているのです。

このように考察すると、武道の特性を堅持しながら競技化することは、非常に難しいことが分かります。剣道や柔道・空手などの試合規則をどのように工夫しても、武道の本質から遠ざかる運命にあるのかもしれません。昭和の初頭、天皇の命で剣道の「天覧試合」がおこなわれました。当時、大日本武徳会武術専門学校（武専）の主任教授をされていた内藤高治先生は、天覧試合の開催にあたっては、頑強にその計画に反対したと言われています。しかし、政府の「これは天皇陛下の命令である」という一言には抗するすべもありませんでした。開催にあたり、「これで日本の剣道も滅んだ」との言葉を残したことはあまりにも有名です。

武道の回帰

さて、武道は何をめざし、どこに行くべきなのでしょうか。ご存知のように、武道（武術）の近代化の歴史には二度の断絶があります。一度目は明治維新、二度目は第2次世界大戦の敗戦です。先の大戦後、武道はＧＨＱにより一時禁止されました。その後、学校体育で武道は、戦前の武士道的な精神性を排した純粋な「スポーツ」として復活します。よって、学校体育では、それらを連想させる「武道」ではなく「格技」と称されました。学校体育に「武道」の名称が復活するのは１９８９年（平成元年）です。「格技」から「武道」

への名称変更はあったものの、武道の大半は「スポーツ」でありつづけ、フェンシングやボクシングやレスリングなどの外来の競技と本質的な違いのないものとして、柔道はオリンピック種目にもなりました。つまり、武道は競技スポーツとして存在してきたのです。しかし、競技化によって「一撃必殺」というような武道の思想性や技の特性が失われてきたことも事実です。

そこで、武道の必修化などでもクローズアップされた「人間形成」にその特性を見出そうとしてきました。しかし、武道の「人間形成」の特性を明治維新までさかのぼっても、その矛盾点がみえてきます。維新後、武道はその社会的価値を失いつつありました。とくに剣道はその存続さえも危ぶまれました。武士階級が消滅し、廃刀令・脱刀令によって、実体としての日本刀が否定されたからです。しかし、西南戦争の抜刀隊の活躍により剣道(武道)が見直されることになります。しかし、それは殺傷性の再評価ではなく、天皇制維持のためのイデオロギーが、それまでの「武士道」と酷似していたことにあったと考えられます。維新後の武道は、武士道的な「道徳的精神性」や「伝統的行動様式」の獲得を第一義としたため、その技術性(身体操作性)は徐々に失われることになりました。さらに、前章で取り上げたように、学校体育への正科編入過程で、さらにその合理性は失われていったのです。

さて、このように考察すると、敗戦後のスポーツとして復活した武道も、戦前の武士道的な精神性をまとった武道も、本来の姿ではないことが分かります。回帰すべきは、武道(武術)本来の身体操作性にあるのです。そして、武道(武術)の身体操作の特性は、技の完成度を課題とすることです。決して、勝敗のみを課題とするものではありません。客観的な勝敗のみを争う勝利至上主義は、明治以降入ってきたスポーツの影響であると思われます。例えば、明治時代、競泳が入ってくるまでは、日本の「水練」には速さを競うという価値観はなかったといいます。ひたすら泳ぎの技の完成度を高めることが修行でした。そして、同時に技の完成度を高めるための「心の在り方」を課題としました（写真14-3）。それらは、技に直結する呼吸や意念、さらには潜在的意識などの操作法です。それらは、技術性と直結する精神性です。「道徳的精神性」に対して「求道的精神性」などといいます。

写真14-3　合気道は原則として試合を行わない。

今後、武道が回帰すべき方向は、本来の身体操作性と、それらから生じる「求道的精神性」を特性とする「武術」であると考えられます。そして、それは維新前への回帰ではなく、回帰を超越した全く新しい武道の姿なのかもしれません。

あとがき

本文でも取り上げましたが、武道（武術）では、自分や自流の技術は他には教えないことが当たり前でした。教えないどころか、意図的に間違った技術を広く伝授することもあったようです。スポーツ界でも同様に、個々の指導者やコーチは、その指導法や技術を容易に他には教えない傾向にありました。しかし、21世紀に入り約10年、明らかに時代は変わりつつあります。国や地域に関係なく、多くの方々と情報を共有し、意見を交換ができる時代になりました。

現在、私は「常歩（なみあし）身体研究所」〈http://www.namiashi.net/〉というサイトを運営しています。また、同時にメールマガジン（「常歩無限―驚異のスポーツ上達法―」、約４２００部）を発行しています。これらの活動で学んだことは、情報を発信することのすばらしさです。当初は、自分の考えを整理し書きためるために、これらの活動を始めました。しかし、情報を発信してみると、多くの方々がもっとすばらしい事を教えてくれるのです。それは、あたかも発信した情報が新たな友を連れて戻ってくるようでした。そして、さらにその情報を発信すると、また別の情報を連れて戻ってきてくれるのです。本書で紹介させていただいた内容は、このような活動の中で、多くの方々より教えていただいたものばかりです。本当に感謝しております。

「まえがき」でも紹介いたしました、小田伸午先生（関西大学人間健康学部教授）、小山田良治氏（五体治療院代表）との共同研究も11年目をむかえました。スポーツ科学研究者・治療師（トレーナー）・武道家という全く異なる方向から考察してきました。一つの内容をそれぞれ異なる観点から考察できるのです。当初、「二軸動作」として提唱した「動作法」も、その後、新しい発見を加え進化し続けています。さらに、共同研究には異なる分野の多くの方々にも加わっていただいています。今後も、あらゆる垣根を越えて研究がすすむことを期待していいます。

本書の執筆に当たっては多くの方々にご協力をいただきました。興味深い情報をお寄せいただきました、HPやメルマガの読者の皆様、本当にありがとうございました。また、北京オリンピック銅メダリストの永井清史選手（男子ケイリン）をはじめ、貴重な写真を提供していただきました方々に感謝いたします。ありがとうございました。執筆を通じ、多くの方々に支えられていることを痛感いたしました。

最後になりましたが、今回の企画をとりあげていただきました東京堂出版、そして編集をしていただきました名和成人氏、またご協力いただきました編集部の皆様に心より感謝いたします。ありがとうございました。

平成23年4月吉日

木寺英史

著者略歴

＊

木寺英史（きでらえいし）

＊

1958（昭和33）年生まれ。奈良工業高等専門学校一般教科准教授。専門分野は「身体論」・「身体動作論」・「武道論」。2012年4月より九州共立大学スポーツ学部准教授。剣道教士七段。2001（平成13）年、小田伸午氏（関西大学人間健康学部教授）・小山田良治氏（五体治療院代表・愛知県・小牧市）と「常歩（なみあし）研究会」を設立。スポーツや武道などの動きを研究している。著書に『本当のナンバ常歩』（スキージャーナル）、『進化するナンバ実践常歩剣道』（MCプレス）、『剣士なら知っておきたいからだのこと』（大修館書店）などがある。また、情報発信としてHP「常歩（なみあし）身体研究所」（http://www.namiashi.net/）を運営、さらにメルマガ「常歩無限―驚異のスポーツ上達法」（4400部）を発行している。

錯覚のスポーツ身体学

2011年 5 月30日　初版発行
2011年12月20日　再版発行

著　者　木寺英史
企画協力　NPO法人 企画のたまご屋さん おかのきんや
発行者　松林孝至
発行所　株式会社 東京堂出版 http://www.tokyodoshuppan.com/
〒101-0051
東京都千代田区神田神保町1-17
電話　03-3233-3741
振替　00130-7-270

印刷所　東京リスマチック株式会社
製本所　東京リスマチック株式会社

ISBN978-4-490-20735-4 C0075